Pascal Scholz
**Zitate und Weisheiten
von Albert Einstein**
2. Auflage

AF239485

Zitate und Weisheiten von Albert Einstein

Pascal Scholz

Impressum

Bibliografische Information der Deutschen Nationalbibliothek:
Die Deutsche Nationalbibliothek verzeichnet diese
Publikation in der Deutschen Nationalbibliografie;
detaillierte bibliografische Daten sind im Internet
über http://dnb.dnb.de abrufbar.

Herstellung und Verlag:
BoD – Books on Demand, Norderstedt

ISBN: 978-3-7597-3589-8

ZITATE UND WEISHEITEN
ALBERT EINSTEIN

Einleitung

Erst einmal möchte ich dir von Herzen danken, dass du dich für Albert Einstein, seine Worte, Ideen, Impulse, Weisheiten und Sichtweisen interessierst.

Große Persönlichkeiten, ihr schaffen, ihr Wirken und ihre Ansichten können uns, können dich Inspirieren und haben vielleicht auch die Kraft, dein Leben zu verändern oder zu verbessern.

Daher habe ich zu den Zitaten und Weisheiten auch keine Erklärungen, Sichtweisen und Erläuterungen hinzugefügt, um dir mehr Input zu Einsteins Worten an die Hand zu geben.

Es ist in der Heutigen Zeit wichtiger denn je, in den Worten eines anderen die eigene Wahrheit zu finden und nicht alles ungefiltert in den eigenen Geist zu lassen, nur weil es eine Berühmte oder Prominente Person gesagt oder geschrieben hat.

Daher reflektiere die einzelnen Aussagen für sich persönlich, was du für sich und ein Leben, deine Wahrnehmung und deine Realität mitnehmen kannst und vielleicht für dich als Bereicherung erfahren kannst.

Ich wünsche dir viel Freude beim Lesen und inspirieren lassen.

INHALTSVERZEICHNIS

Einleitung 6

Wer war Albert Einstein? 9

Albert Einsteins Lebensphilosophie: Eine Mischung aus Neugier, Humanismus und Ethik 23

Das wichtigste Erbe von Albert Einstein: Wissenschaftliche Entdeckungen, philosophische Weisheit und ethisches Bewusstsein 37

Albert Einsteins Beitrag zum Frieden: Ein Vermächtnis des Pazifismus und der internationalen Zusammenarbeit 51

Albert Einsteins gelebte Menschlichkeit: Ein Vorbild für unser eigenes Leben .. 65

Albert Einsteins Haltung zu Problemen im Leben und der Gesellschaft: Weisheit eines visionären Denkers 80

Einsteins philosophischer Ansatz zur Zukunft 95

Wunder aus der Sicht von Albert Einstein: Die Verbindung von Wissenschaft und Staunen 110

Albert Einsteins Weisheit für die heutige Welt: Ratschläge für ein besseres Leben 126

Abschließende Worte zu Albert Einstein: 130

Wer war Albert Einstein?

Albert Einstein (1879-1955) war ein deutsch-amerikanischer Physiker, der als einer der bekanntesten und einflussreichsten Wissenschaftler des 20. Jahrhunderts gilt. Er wurde in Ulm, Deutschland, geboren und wuchs in München auf. Einstein ist vor allem für seine revolutionären Beiträge zur Physik und seine Theorie der Relativität bekannt, die das Verständnis von Raum, Zeit, Gravitation und Energie grundlegend verändert haben.

Seine bedeutendsten Beiträge umfassen:

1. Spezielle Relativitätstheorie: Im Jahr 1905 veröffentlichte Einstein seine spezielle Relativitätstheorie. Diese Theorie beschäftigt sich mit der Bewegung von Objekten in hohen Geschwindigkeiten und zeigt, dass Raum und Zeit nicht absolut sind, sondern miteinander verknüpft werden.

2. Äquivalenz von Masse und Energie: In der berühmten Gleichung $E=mc^2$ (Energie ist gleich Masse mal Lichtgeschwindigkeit zum Quadrat) formulierte Einstein das Konzept, dass Masse und Energie äquivalent (gleichwertig, ausgleichen) sind. Dies legte den Grundstein für das Verständnis der Kernphysik und führte zur Entwicklung von Atomwaffen und Kernenergie.

3. Allgemeine Relativitätstheorie: Im Jahr 1915 veröffentlichte Einstein die allgemeine Relativitätstheorie, die eine umfassendere Theorie der Gravitation darstellt. Sie beschreibt die Schwerkraft als eine Krümmung von Raum und Zeit durch Massen und führte zur Vorhersage von Phänomenen wie Gravitationswellen.

4. Photoelektrischer Effekt: Für seine Arbeit zum photoelektrischen Effekt erhielt Einstein 1921 den Nobelpreis für Physik. Er erklärte, wie Licht Elektronen aus einer Oberfläche herausschlagen kann, was später in der Entwicklung der Quantenmechanik eine wichtige Rolle spielte.

Einstein war nicht nur ein herausragender Wissenschaftler, sondern auch ein engagierter Humanist, Pazifist und Bürgerrechtler. Er setzte sich für soziale Gerechtigkeit, Frieden und Abrüstung ein. Während des Aufstiegs des Nationalsozialismus verließ er Deutschland und emigrierte in die USA, wo er am Institute for Advanced Study in Princeton, New Jersey, arbeitete. Sein charakteristisches Aussehen, seine markanten Zitate und seine Theorien haben ihn zu einer der bekanntesten Persönlichkeiten der Wissenschaftsgeschichte gemacht.

Seine humanistischen Aktivitäten umfassten eine Vielzahl von Bereichen:

1. Friedensaktivismus: Einstein setzte sich zeitlebens für den Frieden ein. Besonders während der Zeit des Ersten und Zweiten Weltkriegs war er ein entschiedener Gegner von Krieg und Militarismus. Er warnte vor den Gefahren der Atomwaffen und plädierte für Abrüstung. Nach dem Zweiten Weltkrieg engagierte er sich stark für die Verbreitung des Friedens und befürwortete internationale Zusammenarbeit.

2. Pazifismus: Einstein war ein überzeugter Pazifist und trat für gewaltfreie Konfliktlösung ein. Er unterstützte den Kampf gegen den Einsatz von Gewalt als Mittel der Politik und befürwortete Verhandlungen und Diplomatie.

3. Antirassismus und Bürgerrechte: Einstein setzte sich für die Rechte von Minderheiten ein und sprach sich gegen Rassismus aus. Er warnte vor den Folgen der Rassentrennung und unterstützte die Bürgerrechtsbewegung in den USA. Er war Mitglied der American Civil Liberties Union (ACLU) und setzte sich für gleiche Rechte und Gerechtigkeit ein.

4. Flüchtlingshilfe: Während der Zeit des Nationalsozialismus bot Einstein Unterstützung für jüdische Flüchtlinge an und setzte sich für die Aufnahme von Wissenschaftlern und Intellektuellen in den USA ein. Er half bei der Gründung des Internationalen Rettungskomitees für Wissenschaftler (IRCW) und des Emergency Committee of Atomic Scientists.

5. Internationale Zusammenarbeit: Einstein glaubte an die Notwendigkeit einer internationalen Gemeinschaft von Wissenschaftlern, die sich für die Lösung globaler Probleme einsetzt. Er unterstützte die Gründung von Organisationen wie der Pugwash Conference on Science and World Affairs, die sich für die Abschaffung von Atomwaffen einsetzt.

6. Soziale Gerechtigkeit: Einstein engagierte sich für soziale Gerechtigkeit und die Verbesserung der Lebensbedingungen für benachteiligte Menschen. Er kritisierte die soziale Ungerechtigkeit und ungleiche Verteilung von Ressourcen.

Einstein nutzte seine Bekanntheit und Einfluss, um für eine bessere Welt einzutreten und die Verantwortung der Intellektuellen für die Gesellschaft zu betonen. Sein humanistisches Engagement prägte sein öffentliches Wirken ebenso wie seine wissenschaftlichen Leistungen.

Eine der wichtigsten Fragen, die Albert Einstein für einen Menschen für wesentlich hielt, war die Frage nach der Natur der Realität, insbesondere in Bezug auf Raum und Zeit. Er war davon überzeugt, dass diese Frage grundlegend für unser Verständnis des Universums und unseres Platzes darin ist. In seinen eigenen Worten:

*"Die wichtigste Frage,
die ein Mensch stellen kann, ist:
Ist das Universum ein freundlicher Ort?"*

Einstein war besessen von der Suche nach einer "Einheit der Natur", die die scheinbar getrennten Bereiche der Physik zusammenführen würde, und die Grundfragen darüber, wie Raum, Zeit, Materie und Energie miteinander verwoben sind. Seine Forschungen zur Relativitätstheorie und sein Streben nach einer "Einheitlichen Feldtheorie" waren direkte Versuche, diese grundlegenden Fragen zu beantworten.

Warum diese Frage so wichtig war, lässt sich auf Einsteins tiefes Verlangen nach Verständnis und Klarheit zurückführen. Er glaubte, dass ein tieferes Verständnis der Natur der Realität nicht nur zu wissenschaftlichen Durchbrüchen führen würde, sondern auch eine philosophische und ethische Bedeutung hätte. Sein Glaube an die Einheit und Harmonie der Natur spiegelte sich auch in seiner humanistischen Sichtweise wider, in der er die Menschheit aufforderte, die Suche nach Wissen und Verständnis voranzutreiben, um eine bessere Welt zu schaffen.

Insgesamt war für Albert Einstein die Frage nach der Freundlichkeit des Universums und der fundamentalen Natur der Realität von höchster Bedeutung, da sie nicht nur das wissenschaftliche Verständnis formte, sondern auch den Kern seiner philosophischen Überzeugungen und seines ethischen Denkens berührte.

*"Phantasie ist wichtiger als Wissen,
denn Wissen ist begrenzt."*

Phantasie (auch Fantasie oder Vorstellungskraft genannt) ist die Fähigkeit des menschlichen Geistes, sich Vorstellungen, Ideen, Bilder oder Konzepte vorzustellen, die nicht unmittelbar in der realen Welt vorhanden sind. Es ist die Fähigkeit, mentale Bilder zu erzeugen, Szenarien zu erschaffen und abstrakte Konzepte zu formen, die über das hinausgehen, was direkt beobachtbar oder erfahrbar ist.

Die Phantasie spielt eine wichtige Rolle in vielen Bereichen des menschlichen Lebens:

1. Kreativität: Kreative Menschen nutzen ihre Phantasie, um neue Ideen, Kunstwerke, Literatur, Musik und Innovationen zu schaffen.

2. Kinderentwicklung: Bei Kindern ist die Phantasie ein wesentlicher Bestandteil ihrer kognitiven Entwicklung. Sie nutzen ihre Vorstellungskraft, um Rollenspiele zu spielen, Geschichten zu erfinden und ihre Umgebung zu erkunden.

3. Problemlösung: Die Fähigkeit, sich alternative Szenarien vorzustellen, kann bei der Suche nach Lösungen für komplexe Probleme hilfreich sein, indem sie neue Perspektiven eröffnet.

4. Wissenschaft und Forschung: Forscher und Wissenschaftler nutzen die Vorstellungskraft, um Hypothesen zu bilden und Theorien zu entwickeln, die dann getestet werden können.

5. Entspannung und Unterhaltung: Die Vorstellungskraft ermöglicht es Menschen, in fiktive Welten einzutauchen, sei es beim Lesen eines Buches, Anschauen eines Films oder Spielen von Videospielen.

6. Kommunikation: Die Verwendung von Metaphern, Analogien und bildhafter Sprache basiert auf der Vorstellungskraft und erleichtert die Kommunikation von komplexen Ideen.

Albert Einstein betonte die Bedeutung der Phantasie und stellte sie über das Wissen. Er erkannte, dass Phantasie der Anfangspunkt für wissenschaftliche Entdeckungen und kreative Durchbrüche sein kann, da sie uns ermutigt, über das Bekannte hinauszugehen und neue Ideen zu erforschen.

"Leben ist wie Radfahren,
um das Gleichgewicht zu halten,
muss man in Bewegung bleiben."

Albert Einstein betonte die Bedeutung der Bewegung nicht nur in physikalischer Hinsicht, sondern auch im Kontext des Lebens und des Denkens. Einige seiner Aussagen und Ideen verdeutlichen, warum Bewegung für ihn eine wichtige Rolle spielte:

1. Bewegung in der Physik: Einsteins spezielle Relativitätstheorie, veröffentlicht im Jahr 1905, postuliert, dass Raum und Zeit in Bezug auf die Geschwindigkeit eines Beobachters relativ sind. Diese Theorie zeigt, dass Bewegung und Geschwindigkeit eine tiefgreifende Auswirkung auf die fundamentalen Eigenschaften der Raumzeit haben. Einstein erkannte, dass unser Verständnis von Raum, Zeit und Materie von der Bewegung abhängt.

2. Bewegung als Metapher für Fortschritt: Einstein verwendete oft die Metapher der Bewegung, um den Fortschritt in der Wissenschaft und im Denken zu beschreiben. Er ermutigte dazu, immer neugierig zu bleiben und sich intellektuell zu bewegen, um immer neue Erkenntnisse zu gewinnen.

3. Bewegung des Denkens: Einstein erkannte, dass Bewegung im Denken genauso wichtig ist wie in der Physik. Er betonte die Bedeutung der Vorstellungskraft und des kreativen Denkens, um über konventionelle Grenzen hinauszugehen und neue Ideen zu entwickeln.

4. Stagnation und Stillstand: Einstein warnte vor Stagnation und Stillstand im Denken und im Leben. Er sah in der Bewegung eine treibende Kraft für Wachstum, Lernen und Fortschritt.

5. Veränderung als Konstante: Einsteins Betonung der Bewegung und Veränderung spiegelt seine Überzeugung wider, dass Veränderung die einzige Konstante im Universum ist. Er erkannte, dass alles in Bewegung ist, sei es auf makroskopischer oder mikroskopischer Ebene.

Zusammenfassend kann man sagen, dass Einstein die Bedeutung der Bewegung in verschiedenen Ebenen des Lebens und Denkens betonte. Für ihn war Bewegung nicht nur ein physikalisches Phänomen, sondern auch eine Metapher für Wachstum, Entwicklung und intellektuellen Fortschritt.

"Logik wird dich von A nach B bringen.
Phantasie wird dich überall hinbringen."

Albert Einstein betonte in verschiedenen Aussagen die Bedeutung der Phantasie gegenüber der reinen Logik. Hier sind einige Gründe aufgeführt, warum Einstein glaubte, dass Phantasie wichtiger sein könnte als Logik:

1. Kreativer Denkprozess: Einstein verstand die Phantasie als einen Schlüssel zum kreativen Denken und zur Generierung neuer Ideen. Während Logik dazu neigt, auf bereits bekannte Fakten und Prinzipien aufzubauen, kann die Phantasie den Geist dazu anregen, über die vorhandenen Grenzen hinauszugehen und innovative Lösungen zu finden.

2. Überwindung von Grenzen: Für Einstein war Phantasie ein Weg, die Begrenzungen des Bekannten zu überwinden. Während Logik in bekannten Rahmen bleibt, kann die Phantasie uns dazu anregen, neue Möglichkeiten zu sehen, die über das hinausgehen, was wir bereits wissen.

3. Wissenschaftliche Entdeckungen: Einstein glaubte, dass bahnbrechende wissenschaftliche Entdeckungen oft aus der Vorstellungskraft hervorgehen. Die Fähigkeit, sich Dinge vorzustellen, die zunächst unverständlich erscheinen mögen, kann zu neuen Theorien und Erklärungen führen, die dann mithilfe von Logik und empirischer Forschung weiterentwickelt werden können.

4. Betonung von Neuem und Unerforschtem: Einstein war der Meinung, dass das Bekannte bereits bekannt ist und deshalb begrenzt ist. Phantasie hingegen ermöglicht es uns, neue Wege zu erkunden und das Unerforschte anzugehen.

5. Innovation und Fortschritt: Neue Ideen und Innovationen entstehen oft aus der Kombination von bestehendem Wissen mit kreativen Gedanken. Die Phantasie spielt dabei eine Schlüsselrolle, indem sie neue Verbindungen und Perspektiven eröffnet.

Es ist jedoch wichtig zu beachten, dass Einstein Phantasie und Logik nicht als gegensätzliche Konzepte sah, sondern als sich ergänzende Elemente im wissenschaftlichen und kreativen Prozess. Er betonte, dass sowohl Phantasie als auch Logik in einem ausgewogenen Verhältnis notwendig sind, um tieferes Verständnis und innovative Ideen zu entwickeln.

*"Die Zeit existiert nur,
damit nicht alles auf einmal passiert."*

Diese Aussage von Albert Einstein bringt eine tiefere philosophische Sichtweise auf das Konzept der Zeit zum Ausdruck. Dieser Satz verdeutlicht Einsteins Erkenntnis über die Rolle der Zeit in der Art und Weise, wie wir die Welt wahrnehmen und erleben.

Einstein war, wie bereits erwähnt, ein Pionier auf dem Gebiet der Physik, insbesondere in Bezug auf die Theorie der Relativität. Seine Theorien haben unser Verständnis von Raum und Zeit verändert. In diesem Kontext lässt sich seine Aussage interpretieren:

1. Relatives Erleben von Zeit: Einsteins spezielle Relativitätstheorie besagt, dass die Zeit für Beobachter in unterschiedlichen Bewegungszuständen unterschiedlich vergeht. Das bedeutet, dass die Wahrnehmung von Zeit abhängig von der Geschwindigkeit und dem Ort des Beobachters ist. Das Zitat kann darauf hinweisen, dass die Zeit relativ ist und in unterschiedlichen Situationen anders wahrgenommen wird.

2. Kontinuierliche Abfolge von Ereignissen: Das Zitat könnte auch darauf hinweisen, dass die Zeit notwendig ist, um eine kontinuierliche Abfolge von Ereignissen zu ermöglichen. Ohne Zeit würden alle Ereignisse gleichzeitig stattfinden, was zu einem unüberschaubaren Durcheinander führen könnte.

3. Ordnung und Struktur: Zeit bringt Ordnung und Struktur in unser Leben. Sie ermöglicht es, Ereignisse in einer sinnvollen Abfolge zu erleben und Prozesse zu verstehen. Ohne die Abgrenzung durch Zeit könnten wir Schwierigkeiten haben, Ursache und Wirkung zu erkennen.

4. Veränderung und Entwicklung: Zeit ist auch eng mit Veränderung und Entwicklung verbunden. Ereignisse entwickeln sich im Laufe der Zeit, und diese Entwicklung ermöglicht es uns, Fortschritt und Veränderung wahrzunehmen.

*"Der Unterschied zwischen Genialität und Dumm-
heit ist,
dass Genialität ihre Grenzen hat."*

Mit dem Satz Albert Einsteins begründet die Idee, dass selbst Genialität ihre Begrenzungen und Einschränkungen hat. Diese Aussage vermittelt eine Botschaft über die Komplexität menschlicher Fähigkeiten, das Bewusstsein über eigene Grenzen und die Vielschichtigkeit von Intelligenz:

1. Bescheidenheit und Selbsterkenntnis: Einstein drückt aus, dass Genialität nicht bedeuten muss, keine Grenzen oder Schwächen zu haben. Die Einsicht in die eigenen Grenzen ist eine Form der Intelligenz.

2. Realistische Sichtweise: Die Botschaft betont, dass es wichtig ist, realistische Erwartungen an die eigenen Fähigkeiten zu haben, unabhängig von ihrem Ausmaß.

3. Vielschichtigkeit von Intelligenz: Einsteins Worte betonen, dass Intelligenz nicht einfach als eine einzige Eigenschaft betrachtet werden kann, sondern als eine komplexe Mischung aus Fähigkeiten, Wissen und Einsicht.

4. Kritische Reflexion: Die Aussage ermutigt dazu, kritisch über die eigenen Fähigkeiten nachzudenken und sich bewusst zu sein, dass auch Genialität ihre Grenzen hat.

5. Menschliche Natur: Sie drückt aus, dass trotz außergewöhnlicher Intelligenz oder Begabung niemand unfehlbar oder ohne Begrenzungen ist.

Insgesamt betont Einsteins Aussage die Notwendigkeit, sowohl die eigenen Fähigkeiten als auch ihre Grenzen realistisch zu betrachten. Sie erinnert daran, dass Intelligenz und Genialität vielschichtige Konzepte sind, die nicht frei von Einschränkungen sind, und dass eine gewisse Bescheidenheit und Selbsterkenntnis ein wesentlicher Teil des intellektuellen Fortschritts sind.

Albert Einsteins Lebensphilosophie:
Eine Mischung aus Neugier, Humanismus und Ethik

Albert Einstein, einer der größten Denker des 20. Jahrhunderts, ist nicht nur für seine bahnbrechenden wissenschaftlichen Entdeckungen bekannt, sondern auch für seine tiefgründige Lebensphilosophie. Diese Philosophie war eine Mischung aus unstillbarer Neugier, starkem Humanismus und einem tiefen ethischen Bewusstsein. Einsteins Sicht auf das Leben bietet wertvolle Einsichten, die auch heute noch relevant sind.

Neugier und Wissenschaft

Einstein sah die Neugier als den zentralen Antrieb des menschlichen Geistes. Für ihn war die Wissenschaft ein Mittel, um die tiefen Geheimnisse des Universums zu entschlüsseln. Er betonte oft, dass er keine außergewöhnliche Begabung besaß, sondern einfach nur leidenschaftlich neugierig war. Diese unermüdliche Neugier führte ihn zu einigen der größten wissenschaftlichen Entdeckungen, darunter die Relativitätstheorie. Seine Neugier war jedoch nicht nur auf die Physik beschränkt. Einstein interessierte sich für eine Vielzahl von Themen, von Philosophie bis Musik, und betrachtete das Lernen als lebenslangen Prozess.

Religiosität und Spiritualität

Obwohl Einstein kein gläubiger Mensch im traditionellen Sinne war, hatte er eine tiefe Ehrfurcht vor dem Kosmos. Er sprach oft von einer „kosmischen religiösen Empfindung", die ihn erfüllte. Für ihn spiegelten die Naturgesetze eine höhere Ordnung und Harmonie wider. Diese spirituelle Sichtweise bedeutete jedoch nicht, dass er an einen persönlichen Gott glaubte. Stattdessen sah er die Wissenschaft als einen Weg, diese tiefe Ordnung und Schönheit des Universums zu verstehen und zu schätzen.

Bescheidenheit und Einfachheit

Einstein lebte ein einfaches und bescheidenes Leben. Er glaubte, dass materielle Güter und Ruhm nicht zu einem erfüllten Leben beitragen. Stattdessen legte er Wert auf intellektuelle Erfüllung und menschliche Beziehungen. Seine Bescheidenheit zeigte sich auch in seiner Arbeitsweise. Trotz seines Ruhms blieb er immer zugänglich und offen für neue Ideen. Er war sich der Begrenztheit seines Wissens bewusst und betrachtete das Streben nach Wissen als eine gemeinschaftliche Anstrengung der Menschheit.

Pazifismus und Humanismus

Einstein war ein leidenschaftlicher Pazifist und Humanist. Nach den Schrecken des Ersten und Zweiten Weltkriegs setzte er sich aktiv für Frieden und soziale Gerechtigkeit ein. Er sprach sich gegen Militarismus und Nationalismus aus und plädierte für internationale Zusammenarbeit und Verständigung. Seine pazifistischen Ansichten wurden besonders deutlich, als er 1939 zusammen mit anderen Wissenschaftlern einen Brief an Präsident Roosevelt schrieb, der zur Entwicklung der Atombombe führte. Einstein bedauerte später, dass seine wissenschaftliche Arbeit zur Schaffung einer solch zerstörerischen Waffe beigetragen hatte, und warnte vor den Gefahren der Atomkraft.

Bildung und Freiheit

Einstein war ein starker Verfechter der Bildung und der intellektuellen Freiheit. Er glaubte, dass Bildung nicht nur aus dem Erwerb von Wissen bestehen sollte, sondern auch aus der Förderung der Fähigkeit zum unabhängigen Denken und zur Kreativität. Er kritisierte starre Bildungssysteme, die nur auswendig gelerntes Wissen belohnen, und betonte die Bedeutung von Neugier und Selbstentdeckung im Bildungsprozess. Für ihn war die Freiheit des Geistes entscheidend für wissenschaftlichen Fortschritt und menschliches Wohlbefinden.

Ethik und Verantwortung

Einsteins Philosophie betonte die ethische Verantwortung der Wissenschaftler für ihre Entdeckungen. Besonders nach der Entwicklung der Atombombe betonte er, dass wissenschaftlicher Fortschritt immer mit moralischer Verantwortung einhergehen muss. Er warnte vor den Gefahren, die wissenschaftliche Entdeckungen in den falschen Händen bedeuten können, und setzte sich für eine verantwortungsvolle Nutzung der Wissenschaft zum Wohle der Menschheit ein.

Fazit

Albert Einsteins Lebensphilosophie war eine harmonische Mischung aus intellektueller Leidenschaft, ethischem Engagement und tiefer menschlicher Verbundenheit. Seine Neugier trieb ihn an, die Geheimnisse des Universums zu erforschen, während seine ethischen Überzeugungen ihn dazu brachten, über die Auswirkungen seiner Arbeit nachzudenken und sich für Frieden und Gerechtigkeit einzusetzen. Einsteins Leben und Denken bieten auch heute noch wertvolle Lektionen und Inspirationen für eine Welt, die sowohl wissenschaftlichen Fortschritt als auch menschliche Werte schätzt.

"Das Universum ist ein seltsamer Ort.
Ich bin froh, dass ich nicht verstehe,
wie es funktioniert."

Albert Einstein drückt damit eine Mischung aus Bescheidenheit, Staunen und Demut aus, die charakteristisch für seine Sichtweise auf die Natur und das Universum war.

Bescheidenheit und Unvollständigkeit des Wissens: Einstein erkannte, dass selbst er als einer der führenden Wissenschaftler seiner Zeit nicht alle Geheimnisse des Universums entschlüsseln konnte. Diese Aussage drückt seine Bescheidenheit aus und unterstreicht, dass trotz aller Fortschritte in der Wissenschaft noch immer viel Unbekanntes bleibt.

Staunen vor der Komplexität: Indem Einstein das Universum als "seltsam" bezeichnete, betonte er die erstaunliche Komplexität und Vielfalt der Naturphänomene. Er bewunderte die Vielschichtigkeit der Welt und die erstaunlichen Muster und Gesetzmäßigkeiten, die in ihr existieren.

Faszination für das Unbegreifliche: Einstein war bekannt für seine tiefe Neugier und seine Fähigkeit, sich von den großen Fragen der Existenz fesseln zu lassen. Die Aussage, dass er froh sei, das Universum nicht vollständig zu verstehen, zeigt sein Verständnis, dass das Unbekannte eine Quelle des Wachstums und der Inspiration sein kann.

Akzeptanz der Begrenztheit des Wissens: Einstein drückt indirekt aus, dass es in Ordnung ist, nicht alles zu wissen oder zu verstehen. Er betonte, dass das Streben nach Wissen und Verstehen wichtig ist, aber auch die Anerkennung der Grenzen des menschlichen Wissens.

Insgesamt drückt dieses Zitat Einsteins respektvolle und demütige Haltung gegenüber der Komplexität des Universums und der Demut des menschlichen Verstehens aus. Es erinnert daran, dass das Unbekannte eine unerschöpfliche Quelle der Inspiration und des Staunens ist.

"Bilde nie jemanden in deiner eigenen Bildung nach,
es könnte nicht funktionieren."

Albert Einstein möchte damit zum Ausdruck bringen, dass es gefährlich sein kann, andere Menschen nach den gleichen Maßstäben oder Vorstellungen zu erziehen oder zu formen, die für einen selbst erfolgreich waren. Dieses Zitat betont die Wichtigkeit der Individualität, Vielfalt und des Respekts vor den einzigartigen Eigenschaften und Fähigkeiten eines jeden Menschen.

Einstein wollte möglicherweise Folgendes zum Ausdruck bringen:

1. Einzigartigkeit jedes Individuums: Jeder Mensch ist einzigartig und hat unterschiedliche Stärken, Schwächen, Interessen und Potenziale. Was für eine Person funktioniert hat, muss nicht zwangsläufig für eine andere Person erfolgreich sein.

2. Vielfalt der Bildungswege: Menschen lernen auf unterschiedliche Weisen, und haben verschiedene Bildungsbedürfnisse. Eine Methode, die für eine Person gut funktioniert, mag für eine andere unangemessen sein. Das Zitat drückt aus, dass Bildung und Erziehung individuell angepasst werden sollten.

3. Förderung der Selbstentfaltung: Einstein unterstützte die Idee, dass Menschen sich selbst entfalten sollten, anstatt versucht zu werden, in vordefinierte Formen gepresst zu werden. Ermutigung zur Entdeckung und Entfaltung der eigenen Talente und Interessen ist wichtig, um Potenzial auszuschöpfen.

4. Offenheit für verschiedene Ansätze: Das Zitat betont die Wichtigkeit, offen zu sein für verschiedene Bildungsansätze und pädagogische Methoden. Ein starres Festhalten an einer einzigen Methode könnte das Potenzial der Schüler einschränken.

5. Individualität fördern: Das Zitat betont, dass es in Bildung und Erziehung nicht darum geht, Klone zu schaffen, sondern um die Entwicklung von individuellen Denkweisen, Fähigkeiten und Perspektiven.

Insgesamt war Einsteins Botschaft, dass Bildung und Erziehung respektvoll und einfühlsam auf die individuellen Bedürfnisse und Potenziale jedes Einzelnen abgestimmt werden sollten, anstatt eine starre Vorstellung von "Erfolg" auf andere zu übertragen.

"Jeder ist ein Genie.
Aber wenn du einen Fisch danach beurteilst,
ob er auf einen Baum klettern kann,
wird er sein ganzes Leben glauben,
dass er dumm ist."

Mit dem Zitat vermittelt Albert Einstein eine bedeutende Botschaft über die Individualität, Vielfalt und das Potenzial eines jeden Menschen. Hier sind die wichtigsten Aspekte dieser Botschaft:

1. Anerkennung der Vielfalt: Einstein betont, dass jeder Mensch individuelle Stärken und Fähigkeiten hat. Diese Vielfalt macht die Menschheit reich und einzigartig. Es ist wichtig, die unterschiedlichen Begabungen und Potenziale zu erkennen und zu schätzen.

2. Anpassung des Bildungssystems: Das Zitat kritisiert implizit das traditionelle Bildungssystem, das oft darauf ausgerichtet ist, Menschen nach einem standardisierten Maßstab zu bewerten. Einstein fordert eine differenzierte Betrachtung, die die verschiedenen Begabungen berücksichtigt.

3. Unterschiedliche Talente: Der Vergleich mit einem Fisch, der auf einen Baum klettern soll, verdeutlicht, dass Menschen in verschiedenen Bereichen unterschiedliche Talente haben. Es ist nicht fair, jemanden aufgrund seiner Schwächen in einem Bereich als "dumm" zu bezeichnen, wenn er in anderen Bereichen möglicherweise glänzt.

4. Selbstvertrauen und Potenzial: Das Zitat ermutigt dazu, an sich selbst zu glauben und die eigenen Fähigkeiten zu erkennen. Es mahnt, sich nicht von herkömmlichen Maßstäben definieren zu lassen, sondern das eigene Potenzial zu entdecken und zu entwickeln.

5. Kritik an Standardisierung: Einstein kritisiert indirekt die Standardisierung und Normierung von Bildung und Leistungsbewertung. Er befürwortet eine Bildung, die sich an den individuellen Bedürfnissen und Stärken der Lernenden orientiert.

Insgesamt ermutigt dieses Zitat dazu, jeden Menschen in seiner Einzigartigkeit und Vielfalt wertzuschätzen, individuelle Talente zu fördern und Menschen nicht nach einem eingeschränkten Maßstab zu beurteilen. Es erinnert daran, dass wahre Intelligenz und Genialität auf verschiedenen Wegen und in unterschiedlichen Bereichen zum Ausdruck kommen können.

"Der Wert eines Menschen liegt in dem, was er für die Menschheit tut."

Mit der Aussage drückt Albert Einstein aus, dass er den wahren Wert eines Individuums darin sieht, welche positiven Beiträge es für die Gesellschaft und die Menschheit als Ganzes leistet. Dieses Zitat vermittelt eine Botschaft über soziale Verantwortung, Gemeinschaft und die Bedeutung, sich für das Wohl anderer einzusetzen. Hier sind einige wichtige Aspekte dieser Botschaft:

1. Betätigung für das Gemeinwohl: Einstein betont, dass der Wert eines Menschen nicht allein auf seinen individuellen Eigenschaften, Besitztümern oder Status reduziert werden kann. Stattdessen liegt der Wert darin, wie jemand dazu beiträgt, das Leben von anderen Menschen zu verbessern.

2. Wichtigkeit von Handlungen: Einstein fokussiert sich auf die praktischen Handlungen und Beiträge eines Menschen. Er legt Wert auf das, was jemand tut, um das Leben von anderen zu beeinflussen, sei es durch Innovation, soziale Hilfe, kreative Werke oder humanitäre Tätigkeiten.

3. Menschliches Zusammenleben: Das Zitat erinnert daran, dass wir als Menschen in einer Gesellschaft zusammenleben und voneinander abhängig sind. Es betont die Bedeutung von Solidarität, gegenseitiger Unterstützung und der Schaffung eines besseren Lebens für alle.

4. Verantwortung für die Menschheit: Die Aussage impliziert eine Verantwortung gegenüber der Menschheit als Ganzes. Sie legt nahe, dass jeder Mensch in der Lage ist, auf irgendeine Weise positive Veränderungen in der Welt zu bewirken.

5. Inspiration für soziale Dienste: Das Zitat kann Menschen dazu ermutigen, sich für soziale, wissenschaftliche, kulturelle oder humanitäre Projekte einzusetzen. Es betont die Notwendigkeit, über persönliche Interessen hinauszublicken und sich für das Wohl der Gesellschaft einzusetzen.

Insgesamt drückt dieses Zitat Einsteins Überzeugung aus, dass der wahre Wert eines Lebens darin besteht, wie es für das Wohl der Gemeinschaft und der Menschheit insgesamt genutzt wird. Es betont die Bedeutung von altruistischem Handeln und Engagement für das Gemeinwohl.

"Das Wichtigste ist,
nicht aufzuhören zu fragen."

Mit der Aussage möchte Albert Einstein die Bedeutung von Neugier, Forschungs-geist und intellektuellem Entdeckungsdrang hervorheben. Dieses Zitat drückt eine wichtige Botschaft aus:

1. Fortwährende Neugier: Einstein betont die Bedeutung der ständigen Neugier und des Verlangens nach Wissen. Er ermutigt dazu, immer Fragen zu stellen, Dinge zu hinterfragen und die Welt mit einem aufgeschlossenen und wissbegierigen Geist zu erkunden.

2. Wissenssuche und Fortschritt: Das Zitat drückt aus, dass der Mensch nie aufhö-ren sollte, nach Antworten zu suchen und nach einem tieferen Verständnis der Welt zu streben. Diese Suche nach Wissen ist ein treibender Faktor für den wissen-schaftlichen und intellektuellen Fortschritt.

3. Kritische Denkweise: Indem er Menschen ermutigt, nicht aufzuhören zu fragen, fördert Einstein eine kritische Denkweise. Er lädt dazu ein, etablierte Annahmen zu überdenken und bestehende Wissenslücken zu füllen.

4. Erkenntnis der Begrenztheit: Das Zitat erkennt an, dass wir nicht alles wissen können, aber es betont gleichzeitig, dass das kontinuierliche Fragen und Lernen ein wichtiger Weg ist, unser Wissen zu erweitern und zu vertiefen.

5. Erforschung neuer Möglichkeiten: Dieses Zitat ermutigt dazu, über den Teller-rand hinauszublicken und unerforschte Gebiete zu erkunden. Es fördert die Offen-heit für neue Ideen und das Bestreben, innovative Lösungen zu finden.

Insgesamt vermittelt das Zitat Einsteins Botschaft der kontinuierlichen Bildung, der aktiven Wissenssuche und des intellektuellen Engagements. Es unterstreicht die Wichtigkeit, den Geist aktiv und neugierig zu halten, um persönliches Wachstum, wissenschaftliche Entdeckungen und den Fortschritt der Menschheit voranzutrei-ben.

Das wichtigste Erbe von Albert Einstein: Wissenschaftliche Entdeckungen, philosophische Weisheit und ethisches Bewusstsein

Albert Einstein gilt als einer der größten Genies der Menschheitsgeschichte. Sein Erbe ist tief und weitreichend, beeinflusst durch seine revolutionären wissenschaftlichen Entdeckungen, seine philosophischen Einsichten und sein ethisches Engagement. Im Folgenden werden die wichtigsten Beiträge beleuchtet, die Einstein der Menschheit hinterlassen hat.

Revolutionäre wissenschaftliche Entdeckungen

Einsteins bedeutendster Beitrag zur Wissenschaft ist zweifellos die Relativitätstheorie, die das Verständnis der Raumzeit und der Gravitation revolutioniert hat. Die spezielle Relativitätstheorie von 1905 führte das berühmte Äquivalenzprinzip von Masse und Energie ein, ausgedrückt durch die Gleichung $E = mc^2$. Diese Gleichung beschreibt die Umwandlung von Masse in Energie und hat weitreichende Konsequenzen für die Physik und Technologie, einschließlich der Entwicklung der Atomenergie.

Die allgemeine Relativitätstheorie von 1915 erweiterte diese Konzepte und beschrieb die Gravitation als Krümmung der Raumzeit, verursacht durch Masse und Energie. Diese Theorie wurde durch zahlreiche Beobachtungen bestätigt, wie die Ablenkung des Lichts durch die Schwerkraft der Sonne und die Existenz von Gravitationswellen, die 2015 erstmals direkt nachgewiesen wurden.

Einsteins Arbeiten legten den Grundstein für viele moderne physikalische Theorien und Technologien, einschließlich der Quantenmechanik und der modernen Kosmologie. Seine Theorien haben unser Verständnis des Universums grundlegend verändert und beeinflussen weiterhin die Forschung in der Astrophysik, Teilchenphysik und theoretischen Physik.

Philosophische Einsichten

Neben seinen wissenschaftlichen Entdeckungen hinterließ Einstein der Menschheit wertvolle philosophische Einsichten. Er betonte die Bedeutung der Neugier und des unabhängigen Denkens. Für Einstein war das Staunen über die Welt und das Universum eine wesentliche Triebfeder des menschlichen Geistes. Seine oft zitierte Aussage „Phantasie ist wichtiger als Wissen, denn Wissen ist begrenzt" spiegelt seine Überzeugung wider, dass Kreativität und Vorstellungskraft entscheidend für wissenschaftliche und intellektuelle Fortschritte sind.

Einstein betrachtete die Wissenschaft als eine spirituelle und philosophische Tätigkeit. Er sprach oft von einer „kosmischen religiösen Empfindung", einer tiefen Ehrfurcht vor der Ordnung und Schönheit des Universums, die ihn in seinen wissenschaftlichen Arbeiten antrieb. Diese Sichtweise ermutigt auch heute noch Wissenschaftler und Laien, die Wissenschaft als eine Form des intellektuellen und spirituellen Strebens zu betrachten.

Ethisches Engagement

Einsteins ethisches Engagement und seine humanistischen Überzeugungen sind ein weiteres bedeutendes Erbe. Als überzeugter Pazifist sprach er sich vehement gegen Krieg und Militarismus aus. Nach den Schrecken des Ersten Weltkriegs und während des Aufstiegs des Nationalsozialismus in Deutschland setzte sich Einstein für den Frieden und die internationale Zusammenarbeit ein. Er war einer der prominenten Unterzeichner des Russell-Einstein-Manifests von 1955, das vor den Gefahren von Atomwaffen warnte und zur nuklearen Abrüstung aufrief.

Einsteins ethische Überzeugungen gingen Hand in Hand mit seinem Engagement für soziale Gerechtigkeit. Er unterstützte die Bürgerrechtsbewegung in den USA und sprach sich gegen Rassismus und Diskriminierung aus. Einsteins Einsatz für Frieden und Gerechtigkeit inspiriert auch heute noch Menschen weltweit, sich für eine bessere und gerechtere Welt einzusetzen.

Fazit

Albert Einstein hinterließ der Menschheit ein reichhaltiges Erbe, das weit über seine wissenschaftlichen Entdeckungen hinausgeht. Seine Theorien veränderten unser Verständnis des Universums und legten den Grundstein für viele technologische Fortschritte. Seine philosophischen Einsichten und seine Betonung der

Neugier und des unabhängigen Denkens inspirieren Generationen von Wissen-schaftlern und Denkern. Sein ethisches Engagement für Frieden und Gerechtigkeit bleibt ein leuchtendes Beispiel für die Verantwortung, die Wissenschaftler und In-tellektuelle gegenüber der Gesellschaft tragen.

Einsteins Erbe ist ein Zeugnis seiner außergewöhnlichen Fähigkeit, die Welt durch Wissenschaft, Philosophie und Ethik zu bereichern. Seine Beiträge werden weiter-hin unsere Weltanschauung und unser Streben nach Wissen und Gerechtigkeit prä-gen.

"Die reinste Freude,
die es gibt, ist das Mysterium.
Das Gefühl der Neugier, das uns antreibt,
das Unbekannte zu erkunden."

Die Aussage drückt er eine Botschaft über die Schönheit und Bedeutung des Unbekannten, der Neugierde und der Entdeckung aus. Hier sind einige wichtige Aspekte dieser Botschaft:

1. Schönheit des Mysteriums: Einstein betonte die Faszination und Schönheit von Rätseln und Mysterien, die die Menschheit umgeben. Das Unbekannte bietet eine Quelle des Staunens und der Bewunderung, die eine tiefere Verbindung zur Welt schaffen können.

2. Neugier als treibende Kraft: Das Zitat würdigt die Neugier als eine mächtige Antriebskraft, die uns dazu antreibt, das Unbekannte zu erkunden. Die Lust, zu verstehen, was wir nicht wissen, kann eine lebenslange Reise der Entdeckung und des Lernens sein.

3. Erforschung des Unbekannten: Einstein betont, dass das Streben nach neuen Erkenntnissen und das Erforschen des Unbekannten uns Freude und Erfüllung bringen können. Die Herausforderung, etwas zu entdecken, das zuvor nicht verstanden wurde, kann eine Quelle der Zufriedenheit sein.

4. Offenheit für das Unerklärliche: Das Zitat lädt dazu ein, offen für das Unerklärliche und Mysteriöse zu sein, anstatt vor ihm zurückzuschrecken. Es ermutigt dazu, das Unerforschte zu erforschen und das Potenzial für Wissen und Erkenntnis zu erkennen.

5. Verbindung zur Natur: Die Botschaft erinnert daran, dass unsere Verbindung zur Welt und zum Universum durch unsere Bereitschaft, das Unbekannte zu erforschen, vertieft wird. Neugierde und Entdeckung können uns eine engere Beziehung zur Natur und zur Existenz vermitteln.

Insgesamt vermittelt Einsteins Zitat eine Botschaft über die Freude der Entdeckung, die Schönheit der Neugierde und die Bedeutung des Mysteriums. Es lädt dazu ein, den Geist offen zu halten und die Freude an der Erkundung des Unbekannten zu genießen.

"Fantasie ist das Auge der Seele."

Mit dem Satz drückt Albert Einstein die Bedeutung der Vorstellungskraft als ein Fenster zur inneren Welt und als ein Werkzeug zur Erkundung von Gedanken, Emotionen und Ideen aus. Diese Aussage vermittelt eine tiefere Botschaft über die Rolle der Vorstellungskraft im menschlichen Denken und Empfinden:

1. Inneres Sehen und Verstehen: Einstein vergleicht die Vorstellungskraft mit einem "Auge", das nicht nur äußere Bilder sieht, sondern auch die inneren Landschaften der Gedanken und Gefühle. Dies deutet darauf hin, dass die Vorstellungskraft dazu verwendet werden kann, abstrakte Konzepte und Empfindungen zu visualisieren und besser zu verstehen.

2. Kreativer Ausdruck: Die Vorstellungskraft ermöglicht es Menschen, kreative Ausdrucksformen zu finden, sei es in der Kunst, im Schreiben oder in der Musik. Durch die Vorstellungskraft können neue Ideen und Bilder entstehen, die dann in die äußere Welt gebracht werden.

3. Erweiterung des Denkens: Die Vorstellungskraft erlaubt es uns, über das Bekannte hinauszugehen und alternative Szenarien zu erkunden. Sie erweitert unsere Denkmöglichkeiten und ermöglicht es uns, innovative Lösungen für Probleme zu finden.

4. Verbindung zwischen Geist und Seele: Das Zitat impliziert eine Verbindung zwischen der Vorstellungskraft und der inneren Welt der Seele. Es betont, dass die Vorstellungskraft als Instrument dienen kann, um die tiefsten Gedanken, Träume und Empfindungen auszudrücken.

5. Intuition und Vision: Die Vorstellungskraft kann auch als ein Werkzeug der Intuition und Vision dienen. Sie erlaubt es, Ideen auf eine innere Weise zu "sehen", bevor sie in die äußere Welt umgesetzt werden.

Insgesamt vermittelt Einsteins Zitat die Idee, dass die Vorstellungskraft eine wichtige Dimension des menschlichen Wesens ist, die uns hilft, die Welt um uns herum und unser Inneres auf tiefere Weise zu verstehen und auszudrücken. Es unterstreicht die Rolle der Vorstellungskraft in der Kreativität, im Denkprozess und in der Erkundung der menschlichen Psyche.

"Ich habe keine besondere Begabung.
Ich bin nur leidenschaftlich neugierig."

Mit seinen Worten drückt Albert Einstein seine bescheidene Haltung und seine starke Betonung der Neugierde als Antriebskraft für seine Erfolge aus. Diese Selbstoffenbarung vermittelt eine wichtige Botschaft über den Einfluss der Leidenschaft für Wissen und Erkenntnis:

1. Bescheidenheit: Einstein weist darauf hin, dass er nicht glaubt, über außergewöhnliche Begabungen zu verfügen, die ihn von anderen abheben. Er betont, dass er keine besonderen Gaben besitzt, die ihn privilegieren.

2. Die Kraft der Neugierde: Indem er sich als "leidenschaftlich neugierig" beschreibt, vermittelt Einstein, dass seine anhaltende Wissbegierde und sein Drang zur Erkundung die treibenden Kräfte hinter seinen Entdeckungen waren.

3. Eigenantrieb: Die Aussage betont, dass intrinsische Motivation und die Liebe zur Entdeckung oft wichtiger sind als angeborene Talente. Einstein zeigt, dass die Leidenschaft für das Lernen und das Streben nach Verstehen einen bedeutenden Einfluss auf den individuellen Erfolg haben können.

4. Menschliche Gemeinsamkeiten: Dieses Zitat zeigt, dass auch berühmte und erfolgreiche Menschen wie Einstein menschliche Unsicherheiten und Zweifel haben können. Es erinnert uns daran, dass wir alle auf eine gewisse Weise ähnliche Herausforderungen und Erfahrungen teilen.

5. Fokus auf den Lernprozess: Einstein legt Wert auf den kontinuierlichen Lernprozess. Er betont, dass die Neugierde, das Fragen und das Streben nach Wissen wichtiger sind als ein vordefiniertes Maß an Intelligenz.

Insgesamt vermittelt diese Aussage Einsteins bescheidene Anerkennung der Kraft der Neugierde und des lebenslangen Lernens. Sie ermutigt dazu, intrinsische Motivation und Interesse am Wissen als zentrale Faktoren für persönlichen Erfolg zu schätzen und zu fördern.

"Lernen ist Erfahrung.
Alles andere ist nur Information."

Mit dem Zitat drückt Albert Einstein die Bedeutung praktischer Erfahrungen und persönlicher Auseinandersetzung mit dem Wissen im Vergleich zur passiven Aufnahme von Informationen aus. Diese Aussage vermittelt eine wichtige Botschaft über den tieferen Wert des Verstehens und Anwendens von Wissen:

1. Aktives Lernen: Einstein betont, dass echtes Lernen durch die aktive Auseinandersetzung mit dem Wissen und dessen praktische Anwendung erfolgt. Er unterstreicht die Bedeutung von Erfahrungen, die das Verständnis vertiefen.

2. Verinnerlichung: Das Zitat legt nahe, dass Wissen nicht oberflächlich aufgenommen werden sollte, sondern dass es verinnerlicht und im Kontext angewendet werden sollte, um wirklich sinnvoll zu sein.

3. Handlungsorientierung: Einstein betont, dass Lernen nicht nur das Sammeln von Informationen ist, sondern das Ergebnis von Handlungen und Erfahrungen. Es geht darum, wie wir Wissen nutzen, um Probleme zu lösen und neue Erkenntnisse zu gewinnen.

4. Tiefe des Verstehens: Das Zitat betont, dass echtes Lernen tiefer geht als die bloße Ansammlung von Fakten. Es geht darum, wie wir das Wissen in unseren Denkprozess integrieren, um neue Einsichten zu gewinnen.

5. Betonung der Praxis: Durch den Fokus auf die Erfahrung als wesentlichen Bestandteil des Lernens ermutigt das Zitat zu aktivem Handeln und zum Anwenden von Wissen im realen Leben.

Insgesamt betont Einsteins Aussage, dass Lernen mehr ist als das bloße Sammeln von Informationen. Es geht darum, Wissen durch praktische Erfahrungen zu verinnerlichen, es in Handlungen umzusetzen und dadurch ein tieferes Verständnis zu entwickeln. Das Zitat lädt dazu ein, das Lernen als einen aktiven, erlebnisorientierten Prozess zu sehen.

"Der Mensch,
der nichts mehr für andere tut,
ist wirklich arm.
Er hat das große Gefühl der Liebe verloren."

Mit der Aussage verdeutlicht Albert Einstein die Bedeutung von Mitgefühl, Altruismus und der positiven Verbindung zu anderen Menschen. Diese Aussage enthält eine wichtige Botschaft über zwischenmenschliche Beziehungen und den Wert des Gebens:

1. Wert des Dienstes für andere: Einstein betont, dass die Bereitschaft, sich für andere Menschen einzusetzen und ihnen zu helfen, ein Zeichen von innerem Reichtum und Mitgefühl ist. Diese Bereitschaft zum Dienst ist ein Ausdruck von Liebe und Empathie.

2. Verbindung durch Fürsorge: Die Aussage legt nahe, dass der Akt des Gebens und Dienens die Verbindung zu anderen Menschen stärkt. Wenn wir für andere sorgen, zeigen wir, dass wir uns um ihr Wohl und ihre Bedürfnisse kümmern.

3. Erfahrung von Liebe: Einstein verweist auf das "große Gefühl der Liebe", das entstehen kann, wenn wir für andere Menschen handeln. Die Handlung des Gebens erzeugt positive Emotionen und eine tiefere Verbindung zu unseren Mitmenschen.

4. Gemeinschaftsgefühl: Das Zitat betont die Bedeutung von Zusammenarbeit und dem Beitrag jedes Einzelnen zur Gemeinschaft. Wenn Menschen sich gegenseitig unterstützen, entsteht eine Atmosphäre des Vertrauens und der Solidarität.

5. Gegenseitiger Nutzen: Während das Zitat auf die positiven emotionalen Aspekte des Gebens hinweist, betont es auch, dass sowohl der Empfänger als auch der Geber von diesem Austausch profitieren können.

Insgesamt drückt Einsteins Aussage aus, dass das Engagement für das Wohl anderer Menschen nicht nur eine altruistische Tat ist, sondern auch eine Bereicherung für das eigene Leben darstellt. Sie erinnert daran, wie wichtig es ist, Mitgefühl und Fürsorge in unseren Beziehungen zu kultivieren, um eine erfüllte und sinnvolle Existenz zu führen.

Albert Einsteins Beitrag zum Frieden:
Ein Vermächtnis des Pazifismus
und der internationalen Zusammenarbeit

Albert Einstein wird häufig als eines der größten Genies der Wissenschaftsgeschichte gefeiert, doch seine Beiträge zum Frieden und zur internationalen Zusammenarbeit sind ebenso bedeutend. Einsteins pazifistische Überzeugungen und sein Engagement für eine friedlichere Welt spiegeln sich in seinen zahlreichen Aktivitäten und öffentlichen Äußerungen wider. Hier sind die wichtigsten Aspekte seines Beitrags zum Frieden.

Frühe Pazifistische Überzeugungen

Einsteins Engagement für den Frieden entwickelte sich früh in seinem Leben. Schon während des Ersten Weltkriegs äußerte er sich kritisch gegenüber Militarismus und Krieg. Er unterzeichnete das „Manifest an die Europäer", einen Appell von Intellektuellen, der sich gegen die Kriegspolitik richtete und zur Beendigung der Feindseligkeiten aufrief. Diese frühe Phase seines Pazifismus zeigte Einsteins tiefes Bedürfnis, eine Welt ohne Krieg und Gewalt zu fördern.

Kritik am Nationalismus und Militarismus

Einstein war ein vehementer Kritiker des Nationalismus, den er als eine der Hauptursachen für Konflikte und Kriege betrachtete. In den 1920er Jahren wurde er Mitglied der Deutschen Liga für Menschenrechte und engagierte sich aktiv gegen den aufkommenden Nationalsozialismus in Deutschland. Er sah die Förderung des internationalen Verständnisses und der Zusammenarbeit als entscheidend an, um dauerhaften Frieden zu erreichen.

Emigration und Kampf gegen den Faschismus

Mit dem Aufstieg der Nationalsozialisten in Deutschland sah sich Einstein gezwungen, 1933 aus seiner Heimat zu fliehen und in die USA zu emigrieren. Von dort aus setzte er seinen Kampf gegen den Faschismus fort. Er nutzte seine Berühmtheit, um auf die Gefahren des Nationalsozialismus aufmerksam zu machen und sich für die Unterstützung der antifaschistischen Kräfte in Europa einzusetzen. Einstein arbeitete mit vielen prominenten Persönlichkeiten zusammen, um die Welt auf die Schrecken und Gefahren des Faschismus hinzuweisen.

Engagement gegen Atomwaffen

Einer der bedeutendsten Aspekte von Einsteins Friedensengagement war sein Einsatz gegen Atomwaffen. Nachdem er 1939 zusammen mit anderen Wissenschaftlern einen Brief an Präsident Franklin D. Roosevelt unterschrieben hatte, der vor den deutschen Bestrebungen zur Entwicklung einer Atombombe warnte, wurde das Manhattan-Projekt initiiert, das letztlich zur Entwicklung der Atombombe führte. Nach dem Abwurf der Atombomben auf Hiroshima und Nagasaki war Einstein tief erschüttert über die verheerenden Auswirkungen der von ihm unterstützten Forschung.

Einstein wurde zu einem führenden Verfechter der nuklearen Abrüstung. Er war Mitunterzeichner des Russell-Einstein-Manifests von 1955, das vor den Gefahren eines nuklearen Krieges warnte und zur internationalen Zusammenarbeit zur Verhinderung einer solchen Katastrophe aufrief. Dieses Manifest gilt als einer der bedeutendsten Appelle für den Frieden im Atomzeitalter.

Unterstützung der Vereinten Nationen

Einstein war ein starker Befürworter der Vereinten Nationen und sah in dieser Organisation ein wichtiges Instrument zur Förderung des Friedens und der internationalen Zusammenarbeit. Er betonte die Notwendigkeit, dass die Vereinten Nationen mit wirklicher Autorität ausgestattet sein sollten, um Kriege zu verhindern und globale Konflikte zu lösen. Einstein setzte sich für die Schaffung eines Weltgerichts und einer internationalen Polizei ein, um internationale Streitigkeiten friedlich zu schlichten.

Aktivismus für soziale Gerechtigkeit und Bürgerrechte

Einsteins Friedensengagement beschränkte sich nicht nur auf internationale Angelegenheiten. Er war auch ein aktiver Unterstützer der Bürgerrechtsbewegung in den USA. Er setzte sich für die Gleichberechtigung aller Menschen unabhängig von ihrer Hautfarbe ein und war ein persönlicher Freund von W.E.B. Du Bois und Paul Robeson, zwei führenden afroamerikanischen Bürgerrechtsaktivisten. Einsteins Einsatz für soziale Gerechtigkeit und Gleichheit war ein wesentlicher Bestandteil seines umfassenderen Engagements für Frieden.

Fazit

Albert Einstein hat der Welt nicht nur durch seine wissenschaftlichen Entdeckungen, sondern auch durch sein leidenschaftliches Engagement für den Frieden ein bedeutendes Erbe hinterlassen. Sein Pazifismus, seine Kritik am Militarismus und Nationalismus, sein Kampf gegen den Faschismus, sein Einsatz gegen Atomwaffen und seine Unterstützung der Vereinten Nationen und der Bürgerrechtsbewegung zeigen, dass er ein tiefes und umfassendes Verständnis der Notwendigkeit von Frieden und Gerechtigkeit hatte. Einsteins Vermächtnis inspiriert auch heute noch Menschen weltweit, sich für eine friedlichere und gerechtere Welt einzusetzen.

"Der Optimist hat nicht weniger oft unrecht
als der Pessimist,
aber er lebt glücklicher."

Mit der Aussage möchte Albert Einstein eine Botschaft über die Bedeutung einer positiven Lebenseinstellung und die Auswirkungen dieser Einstellung auf das Wohlbefinden und die Lebensqualität vermitteln. Hier sind einige wichtige Aspekte dieser Botschaft:

1. Positive Lebenseinstellung: Einstein betont die Vorteile einer optimistischen Haltung gegenüber dem Leben. Ein optimistischer Mensch sieht die Welt durch eine positive Linse und ist geneigt, das Gute und das Mögliche in verschiedenen Situationen zu sehen.

2. Bewusstsein der Unsicherheit: Die Aussage erkennt an, dass sowohl Optimisten als auch Pessimisten nicht immer richtig liegen, da die Zukunft unsicher ist. Dennoch hebt sie hervor, dass eine optimistische Sichtweise dazu beitragen kann, das Leben angenehmer zu gestalten.

3. Einfluss auf das Glück: Das Zitat betont, dass eine positive Einstellung zum Leben das Glücksempfinden steigern kann. Optimismus kann dazu führen, dass Menschen Herausforderungen optimistischer angehen und sich weniger von Rückschlägen entmutigen lassen.

4. Resilienz: Optimismus kann Menschen widerstandsfähiger gegenüber Stress und Schwierigkeiten machen. Eine optimistische Sichtweise kann dazu führen, dass Probleme als vorübergehend angesehen werden und dass man bereit ist, sie zu bewältigen.

5. Selbsterfüllende Prophezeiung: Eine positive Einstellung kann dazu führen, dass Menschen positivere Ergebnisse in ihrem Leben erleben, da sie motiviert sind, nach Lösungen zu suchen und Chancen zu nutzen.

Insgesamt möchte Einsteins Aussage darauf hinweisen, dass unsere Einstellung und Perspektive auf das Leben einen großen Einfluss darauf haben, wie wir die Welt wahrnehmen und erleben. Indem er den Fokus auf die Freude und das Glück lenkt, die aus einer optimistischen Lebenseinstellung resultieren können, lädt er dazu ein, eine positivere Haltung zu kultivieren und das Leben auf eine Weise zu gestalten, die zu einem erfüllteren und zufriedeneren Dasein führt.

"Zwei Dinge sind unendlich:
das Universum und die menschliche Dummheit.
Aber bei dem Universum bin ich mir noch nicht
ganz sicher."

Mit dem Satz drückt Albert Einstein eine gewisse Ironie und Humor aus, um auf die Begrenztheit und Widersprüchlichkeit menschlichen Denkens hinzuweisen. Diese Aussage vermittelt eine Botschaft über die Komplexität des Universums, die menschliche Selbstwahrnehmung und Einsteins charakteristischen humorvollen Stil:

1. Ironie und Humor: Einstein verwendet Ironie und Humor, um auf die Widersprüchlichkeit menschlicher Ansichten hinzuweisen und gleichzeitig eine leicht amüsante Stimmung zu erzeugen.

2. Menschliche Dummheit und Begrenztheit: Die Botschaft betont die Ironie, dass ausgerechnet das, was als unendlich bezeichnet wird, die menschliche Dummheit ist. Dies kann als eine scharfsinnige Beobachtung menschlichen Verhaltens und Denkens interpretiert werden.

3. Bescheidenheit der Wissenschaft: Die Aussage drückt aus, dass selbst renommierte Wissenschaftler wie Einstein sich ihrer eigenen Begrenztheit und Unsicherheiten bewusst sind.

4. Offenheit für das Unbekannte: Einsteins Bemerkung, dass er sich bei der Unendlichkeit des Universums nicht ganz sicher ist, betont die Tatsache, dass es immer noch viel gibt, was wir über das Universum nicht wissen oder nicht vollständig verstehen.

5. Charakteristischer Stil: Die humorvolle und nachdenkliche Art der Aussage spiegelt Einsteins Persönlichkeit und seine Art wider, komplexe Ideen auf zugängliche und interessante Weise auszudrücken.

Insgesamt lädt Einsteins Aussage dazu ein, sowohl über die Grenzen menschlichen Denkens als auch über die unendlichen Rätsel des Universums nachzudenken. Sie zeigt, dass auch brillante Köpfe wie Einstein die Unsicherheiten und Widersprüchlichkeiten des Wissens anerkennen und gleichzeitig mit einem Hauch von Humor betrachten können.

"Die Welt, so wie wir sie geschaffen haben,
ist ein Prozess unseres Denkens.
Sie kann nicht ohne unser Denken existieren."

Mit dem Satz betont Albert Einstein die Rolle des menschlichen Denkens bei der Konstruktion und Interpretation der Realität. Diese Aussage vermittelt eine Botschaft über die subjektive Natur der Wahrnehmung und die Verbindung zwischen dem Denken und der Schaffung der Welt um uns herum:

1. Subjektive Wahrnehmung: Einstein drückt aus, dass unsere Wahrnehmung der Welt nicht einfach eine objektive Darstellung der Realität ist, sondern stark von unseren Denkprozessen beeinflusst wird.

2. Aktive Gestaltung der Realität: Die Botschaft betont, dass die Art und Weise, wie wir über die Welt denken und sie interpretieren, dazu beiträgt, wie wir sie erleben und gestalten.

3. Abhängigkeit vom Denken: Einsteins Worte betonen, dass die Existenz der Welt in gewisser Weise von unserem Denken abhängig ist, da unsere Wahrnehmung und Interpretation die Welt in gewissem Maße formen.

4. Reflektion über die Schöpfung: Die Aussage lädt dazu ein, darüber nachzudenken, wie unser Denken die Welt beeinflusst und wie wir aktiv an der Konstruktion unserer Wahrnehmung und Interpretation teilnehmen.

5. Betonung der Denkprozesse: Sie zeigt, dass das Denken nicht nur passiv ist, sondern eine aktive Rolle bei der Konstruktion unserer Wirklichkeit spielt.

Insgesamt erinnert Einsteins Aussage daran, dass unsere Wahrnehmung der Welt eng mit unseren Denkprozessen verknüpft ist. Sie lädt dazu ein, bewusst über die Art und Weise nachzudenken, wie wir die Welt interpretieren, und die Verbindung zwischen unserem Denken und der Realität zu reflektieren.

"Die Intelligenz wächst mit der Erfahrung, und eine Menge Erfahrung kann in kurzer Zeit gewonnen werden."

Mit diesem Satz betont Albert Einstein die enge Beziehung zwischen Intelligenz, Erfahrung und Lernfähigkeit. Diese Aussage vermittelt eine Botschaft über die Bedeutung des Lernens, der Neugierde und der Bereitschaft, aus Erfahrungen zu lernen:

1. Erfahrung und Intelligenz: Einstein betont, dass Intelligenz nicht nur eine angeborene Eigenschaft ist, sondern sich auch durch die Summe von Erfahrungen und Lernprozessen entwickelt.

2. Schnelles Lernen: Die Botschaft drückt aus, dass Menschen in der Lage sind, in kurzer Zeit eine erhebliche Menge an Erfahrungen zu sammeln, wenn sie aktiv und neugierig sind.

3. Kontinuierlicher Lernprozess: Einsteins Worte betonen, dass Lernen ein kontinuierlicher Prozess ist, der über die gesamte Lebenszeit stattfinden kann und sollte.

4. Aktives Engagement: Die Aussage lädt dazu ein, aktiv an Erfahrungen teilzunehmen, Herausforderungen anzunehmen und aus Fehlern zu lernen, um die eigene Intelligenz zu entwickeln.

5. Betonung von Neugier und Offenheit: Sie zeigt, dass die Bereitschaft, sich neuen Erfahrungen zu öffnen und neugierig zu sein, essentiell für das Wachstum der Intelligenz ist.

Insgesamt ermutigt Einsteins Aussage dazu, offen für neue Erfahrungen zu sein, kontinuierlich zu lernen und aus den eigenen Erfahrungen zu schöpfen. Sie betont, dass Intelligenz durch aktive Beteiligung am Lernprozess und die Fähigkeit, aus unterschiedlichen Erfahrungen zu lernen, gefördert wird.

"Die größte Ehre,
die man einem Menschen antun kann,
ist die, dass man zu ihm Vertrauen hat."

Einstein hob hervor, dass Vertrauen und Wertschätzung in zwischenmenschlichen Beziehungen wichtiger sind als intellektuelle Fähigkeiten. Diese Aussage legt nahe, dass die Anerkennung der Persönlichkeit und des Charakters eines Menschen eine tiefere Wertschätzung darstellt als die Bewertung seiner Intelligenz.

Einstein hatte ein differenziertes Verständnis von Intelligenz, Genialität und Menschlichkeit. Er betonte die Vielfalt der menschlichen Fähigkeiten und die Bedeutung von Kreativität, Vorstellungskraft und zwischenmenschlichen Beziehungen.

Albert Einsteins gelebte Menschlichkeit:
Ein Vorbild für unser eigenes Leben

Albert Einstein ist nicht nur als einer der größten Wissenschaftler der Geschichte bekannt, sondern auch als ein Mensch, der tiefgreifende Menschlichkeit praktizierte. Seine Taten und Ansichten bieten wertvolle Lektionen für uns alle. Hier sind einige Wege, wie Einstein Menschlichkeit lebte und wie wir seine Praxis in unserem eigenen Leben anwenden können.

Neugier und Bildung

Einsteins Praxis:

Einstein war unermüdlich neugierig und betrachtete das lebenslange Lernen als eine der wichtigsten menschlichen Aktivitäten. Er glaubte, dass Bildung nicht nur Wissen vermittelt, sondern auch die Fähigkeit zum kritischen und unabhängigen Denken fördert.

Anwendung in unserem Leben:

Fördern Sie Ihre eigene Neugier und setzen Sie sich das Ziel, kontinuierlich zu lernen. Seien Sie offen für neue Ideen und Ansichten und nutzen Sie jede Gelegenheit, um Ihr Wissen zu erweitern. Dies kann durch Lesen, Teilnahme an Kursen oder durch Gespräche mit anderen geschehen. Ein aktives Streben nach Wissen hilft nicht nur, unser Verständnis der Welt zu vertiefen, sondern fördert auch Empathie und Toleranz gegenüber unterschiedlichen Perspektiven.

Bescheidenheit und Einfachheit

Einsteins Praxis:

Trotz seines weltweiten Ruhms lebte Einstein ein einfaches und bescheidenes Leben. Er schätzte materielle Besitztümer wenig und legte mehr Wert auf intellektuelle und zwischenmenschliche Erfüllung.

Anwendung in unserem Leben:

Praktizieren Sie Bescheidenheit und versuchen Sie, ein einfaches Leben zu führen. Konzentrieren Sie sich auf das, was wirklich wichtig ist: Beziehungen, persönliche Entwicklung und gesellschaftliches Engagement. Vermeiden Sie es, Ihr Glück und Ihren Selbstwert an materielle Besitztümer zu knüpfen. Eine bewusste Reduzierung des materiellen Konsums kann zu einem erfüllteren und zufriedeneren Leben führen.

Empathie und Mitgefühl

Einsteins Praxis:

Einstein war bekannt für sein Mitgefühl und seine Empathie gegenüber anderen Menschen. Er setzte sich aktiv für die Rechte und das Wohlergehen anderer ein, sei es durch seine Unterstützung der Bürgerrechtsbewegung in den USA oder seine Hilfe für jüdische Flüchtlinge während des Zweiten Weltkriegs.

Anwendung in unserem Leben:

Üben Sie Empathie, indem Sie sich in die Lage anderer Menschen versetzen und ihre Gefühle und Bedürfnisse ernst nehmen. Engagieren Sie sich für soziale Gerechtigkeit und unterstützen Sie Menschen, die in Not sind. Dies kann durch ehrenamtliche Arbeit, Spenden oder einfach durch freundliche und unterstützende Worte und Taten im Alltag geschehen. Empathie und Mitgefühl fördern nicht nur das Wohl anderer, sondern bereichern auch unser eigenes Leben.

Engagement für Frieden und Gerechtigkeit

Einsteins Praxis:

Einstein war ein leidenschaftlicher Pazifist und setzte sich zeitlebens für Frieden und Gerechtigkeit ein. Er sprach sich gegen Militarismus und Nationalismus aus und engagierte sich aktiv in der Friedensbewegung.

Anwendung in unserem Leben:

Setzen Sie sich für Frieden und Gerechtigkeit ein, sei es auf globaler, nationaler oder lokaler Ebene. Dies kann durch politisches Engagement, Teilnahme an Friedensinitiativen oder einfach durch die Förderung einer friedlichen und respektvollen Umgebung in Ihrem persönlichen Umfeld geschehen. Frieden und Gerechtigkeit beginnen oft im Kleinen und können durch bewusste Taten und Entscheidungen im Alltag gefördert werden.

Förderung der intellektuellen Freiheit

Einsteins Praxis:

Einstein betonte die Bedeutung der intellektuellen Freiheit und kritisierte starre Bildungssysteme. Er glaubte, dass echte Bildung die Fähigkeit zum unabhängigen Denken und zur Kreativität fördert.

Anwendung in unserem Leben:

Fördern Sie Ihre eigene intellektuelle Freiheit und die anderer. Schätzen Sie kritisches Denken und Kreativität und ermutigen Sie andere, dies ebenfalls zu tun. Unterstützen Sie Bildungsinitiativen, die diese Werte betonen, und setzen Sie sich gegen Dogmatismus und intellektuelle Engstirnigkeit ein. Eine offene und kreative Denkweise bereichert unser Leben und trägt zur Lösung vieler globaler Herausforderungen bei.

Fazit

Albert Einstein praktizierte Menschlichkeit durch Neugier, Bescheidenheit, Empathie, Engagement für Frieden und intellektuelle Freiheit. Diese Prinzipien sind nicht nur zeitlos, sondern auch praktizierbar in unserem eigenen Leben. Indem wir Einsteins Beispiele folgen, können wir dazu beitragen, eine menschlichere, gerechtere und friedlichere Welt zu schaffen. Seine Lebensweise bietet uns wertvolle Lektionen, die unser persönliches und kollektives Wohl verbessern können.

"Die Zukunft soll man nicht voraussehen wollen, sondern möglich machen."

Mit dem Zitat drückte Albert Einstein aus, dass es wichtiger ist, aktiv an der Gestaltung der Zukunft teilzunehmen und positive Veränderungen zu bewirken, anstatt nur vorherzusagen, was passieren könnte. Dieses Zitat vermittelt eine Botschaft über persönliche Verantwortung, Handeln und den Einfluss, den wir auf die Gestaltung der Zukunft haben können:

1. Aktive Mitgestaltung: Einstein betont die Bedeutung von Handeln und Mitwirkung, um die Zukunft zu formen. Anstatt passiv auf Ereignisse zu warten, fordert er dazu auf, proaktiv an der Erschaffung einer besseren Zukunft mitzuwirken.

2. Vermeidung von Passivität: Das Zitat warnt davor, zu sehr darauf fixiert zu sein, die Zukunft vorherzusagen. Stattdessen betont es, dass wir die Macht haben, durch unser Verhalten und unsere Entscheidungen die Zukunft zu beeinflussen.

3. Verantwortung für Veränderung: Die Botschaft drückt die Idee aus, dass wir die Möglichkeit haben, durch unsere Aktionen und Bemühungen die Welt um uns herum zu gestalten. Sie lädt dazu ein, die Verantwortung für Veränderung und Fortschritt zu übernehmen.

4. Glaube an positive Veränderungen: Das Zitat vermittelt eine optimistische Sichtweise, dass wir die Fähigkeit haben, positive Veränderungen zu bewirken und eine Zukunft zu schaffen, die von Fortschritt und Verbesserung geprägt ist.

5. Hervorhebung des Gestaltungsaspekts: Einstein betont, dass die Zukunft nicht nur vorhergesagt, sondern aktiv ermöglicht werden sollte. Er erinnert uns daran, dass unsere Handlungen und Entscheidungen einen Einfluss auf die Gestaltung der kommenden Ereignisse haben.

Insgesamt möchte Einsteins Aussage dazu anregen, Verantwortung zu übernehmen und aktiv am Prozess der Veränderung und des Fortschritts teilzunehmen. Sie unterstreicht die Wichtigkeit, anstatt passiv zu sein, proaktiv zu handeln, um eine bessere Zukunft zu schaffen.

*"Der Künstler ist kein Sonderling;
er fügt nur einem ausgedörrten Gebiet
Wasser hinzu."*

Mit diesem Zitat möchte Albert Einstein die Bedeutung der Kreativität und des künstlerischen Schaffens für die menschliche Gesellschaft betonen. Diese Aussage vermittelt eine Botschaft über die Rolle von Künstlern als Bereicherung und Quelle der Inspiration für die Welt:

1. Kreative Wiederbelebung: Einstein vergleicht den Künstler, die Künstlerin mit jemandem, der Wasser zu einem trockenen Land bringt. Diese Metapher verdeutlicht, dass Künstler dazu beitragen, kulturelle oder geistige Räume zu bereichern und zu beleben, die möglicherweise unter Vernachlässigung oder Monotonie gelitten haben.

2. Bedeutung des Künstlers: Die Aussage betont, dass Künstler keine isolierten "Sonderlinge" sind, sondern Menschen, die eine wertvolle Rolle bei der Schaffung von Vielfalt, Emotionen und kulturellem Reichtum spielen.

3. Innovative Perspektiven: Künstler bringen oft neue Ideen, Perspektiven und Ausdrucksformen in die Gesellschaft ein. Sie können dazu beitragen, Denkmuster aufzubrechen und neue Wege des Denkens und Fühlens zu inspirieren.

4. Kulturelle Weiterentwicklung: Durch künstlerische Schöpfungen wie Kunstwerke, Literatur, Musik oder Filme kann die Gesellschaft neue Ebenen der kulturellen Entwicklung erreichen und kreative Dimensionen erkunden.

5. Wert des Kreativen: Das Zitat hebt hervor, dass kreative Menschen eine wichtige Rolle dabei spielen, den Horizont zu erweitern und neuen Glanz in bestehende Gegebenheiten zu bringen.

Insgesamt betont Einsteins Aussage, dass Künstler eine unverzichtbare Rolle bei der Bereicherung, Erneuerung und Belebung der kulturellen Landschaft spielen. Sie ermutigt dazu, die kreative Energie zu schätzen und zu fördern, die dazu beiträgt, menschliche Ausdrucksformen zu bereichern und zu diversifizieren.

"Glück ist nicht in Besitz,
sondern in Betätigung."

Das Zitat von Albert Einstein inspiriert dazu, das Konzept des Glücks neu zu überdenken und den Schwerpunkt von materiellen Besitztümern auf aktive Handlungen und Erfahrungen zu verlagern. Dieses Zitat vermittelt eine Botschaft über die wahre Quelle des Glücks und wie es erreicht werden kann:

1. Betonung von Handlungen: Das Zitat legt nahe, dass das Glück nicht primär in materiellen Besitztümern liegt, sondern in den Tätigkeiten und Aktivitäten, die wir ausüben. Es inspiriert dazu, nach Erfahrungen und Handlungen zu suchen, die Freude und Erfüllung bringen.

2. Erfüllung durch Aktivität: Die Botschaft betont, dass das Ausüben von Tätigkeiten, die unsere Leidenschaften und Interessen widerspiegeln, ein bedeutender Faktor für das Glücksempfinden sein kann. Aktive Betätigung führt oft zu einem tieferen Gefühl der Erfüllung.

3. Verbindung zwischen Handeln und Glück: Das Zitat macht deutlich, dass die Art und Weise, wie wir unser Leben gestalten und wie wir uns engagieren, einen großen Einfluss auf unser Wohlbefinden und Glück haben kann.

4. Nachhaltigkeit des Glücks: Im Gegensatz zu materiellen Besitztümern, die oft vorübergehendes Vergnügen bieten, betont das Zitat, dass die Freude und Erfüllung, die aus aktiven Handlungen resultieren, langfristig nachhaltig sein können.

5. Persönliches Wachstum: Die Botschaft lädt dazu ein, ständig nach Aktivitäten zu suchen, die unser Wachstum, unsere Entwicklung und unser Wohlbefinden fördern. Es betont, dass der Weg zum Glück oft in der kontinuierlichen Entfaltung unserer Fähigkeiten und Interessen liegt.

Insgesamt inspiriert dieses Zitat dazu, das Konzept des Glücks von einer materialistischen Perspektive zu befreien und stattdessen auf die Freude und Erfüllung zu fokussieren, die durch aktive Betätigung, Selbstausdruck und persönliche Entfaltung entstehen können.

*"Die Wissenschaft ohne Religion ist lahm,
die Religion ohne Wissenschaft ist blind."*

Mit dem Zitat drückte Albert Einstein die Idee aus, dass Wissenschaft und Religion in einem harmonischen Zusammenspiel eine tiefere und umfassendere Sicht auf die Welt bieten können. Dieses Zitat vermittelt eine Botschaft über die Synergie zwischen wissenschaftlicher Erkenntnis und spiritueller Weisheit:

1. Ganzheitliches Verständnis: Einstein betont, dass sowohl Wissenschaft als auch Religion wichtige Aspekte unseres Verständnisses der Welt sind. Er ermutigt dazu, beide Perspektiven zu berücksichtigen, um ein umfassenderes Verständnis der Realität zu erreichen.

2. Komplementarität: Das Zitat zeigt, dass Wissenschaft und Religion nicht notwendigerweise im Widerspruch zueinanderstehen müssen. Stattdessen können sie sich ergänzen und dazu beitragen, verschiedene Dimensionen der menschlichen Erfahrung zu erfassen.

3. Vernunft und Spiritualität: Die Botschaft drückt aus, dass wissenschaftliche Erkenntnis und rationale Denkweise wichtig sind, aber gleichzeitig betont sie den Wert von spiritueller Intuition und einer tieferen Verbindung zur Welt.

4. Brückenbau: Das Zitat kann als Aufruf zum Dialog zwischen Wissenschaftlern und Menschen mit spirituellen Überzeugungen verstanden werden. Es ermutigt dazu, Gemeinsamkeiten zu finden und die Unterschiede zu überbrücken.

5. Einsicht und Wachstum: Indem es Wissenschaft und Religion als komplementäre Quellen des Wissens betrachtet, lädt das Zitat dazu ein, kontinuierlich nach Einsicht, Erweiterung des Verständnisses und persönlichem Wachstum zu streben.

Insgesamt betont Einsteins Aussage die Idee, dass wissenschaftliches Wissen und spirituelle Erfahrungen gemeinsam dazu beitragen können, eine tiefere, vielschichtige und reichhaltige Perspektive auf die Welt zu entwickeln. Sie lädt dazu ein, eine integrative Haltung gegenüber beiden Aspekten einzunehmen, um ein ganzheitliches Verständnis der menschlichen Existenz zu erreichen.

*"Es ist nicht die Größe der Probleme,
die den Wert eines Menschen bestimmt,
sondern seine Fähigkeit,
ihnen zu begegnen."*

Mit dem Zitat verdeutlicht Albert Einstein, dass die wahre Stärke und der Wert eines Menschen nicht allein von der Schwierigkeit oder dem Umfang der Herausforderungen abhängen, sondern von seiner Fähigkeit, mit diesen Herausforderungen umzugehen. Diese Aussage vermittelt eine Botschaft über Resilienz, Selbstbewusstsein und die innere Einstellung:

1. Betonung der Bewältigungsfähigkeit: Einstein betont, dass es nicht so sehr darum geht, wie groß oder komplex die Probleme sind, sondern darum, wie gut jemand in der Lage ist, mit ihnen umzugehen und Lösungen zu finden.

2. Persönliche Stärke: Das Zitat würdigt die innere Stärke, die Fähigkeit zur Anpassung und die Beharrlichkeit, die jemand aufbringt, um Hindernisse zu überwinden.

3. Selbstvertrauen: Die Botschaft ermutigt dazu, an die eigene Fähigkeit zur Bewältigung von Problemen zu glauben. Sie betont, dass jeder Mensch die Ressourcen besitzt, um mit den Herausforderungen des Lebens umzugehen.

4. Resilienz und Wachstum: Das Zitat drückt aus, dass Menschen durch das Überwinden von Schwierigkeiten wachsen und sich weiterentwickeln können. Es unterstreicht die Bedeutung von Resilienz und Lernprozessen.

5. Wert der inneren Einstellung: Die Botschaft legt nahe, dass die Art und Weise, wie wir Herausforderungen angehen, unseren Charakter und unser Potenzial widerspiegeln. Eine positive Einstellung und Entschlossenheit können den Unterschied machen.

Insgesamt drückt Einsteins Aussage aus, dass der Wert eines Menschen nicht nur von äußeren Umständen bestimmt wird, sondern vor allem von der inneren Stärke, der Fähigkeit zur Problemlösung und der Haltung, mit der er sich den Herausforderungen des Lebens stellt. Es ermutigt dazu, Probleme als Chancen zur persönlichen Entwicklung zu sehen und das eigene Potenzial zur Bewältigung von Schwierigkeiten zu erkennen.

Albert Einsteins Haltung zu Problemen
im Leben und der Gesellschaft:
Weisheit eines visionären Denkers

Albert Einstein, weltbekannt für seine wissenschaftlichen Entdeckungen, hatte auch tiefe Einsichten in die menschlichen und gesellschaftlichen Probleme seiner Zeit. Seine Perspektiven auf persönliche Herausforderungen und gesellschaftliche Missstände bieten wertvolle Lektionen für uns heute. Hier ist ein Blick darauf, wie Einstein zu Problemen im Leben und der Gesellschaft stand und was wir daraus lernen können.

Umgang mit persönlichen Herausforderungen

Einsteins Einstellung:

Einstein glaubte fest daran, dass Schwierigkeiten und Hindernisse im Leben wichtige Chancen für persönliches Wachstum und Entwicklung sind. Er sah Herausforderungen als Gelegenheiten, Kreativität und Ausdauer zu entwickeln.

Einsteins Worte:

„Inmitten von Schwierigkeiten liegt die Möglichkeit."

Anwendung:

Sehen Sie persönliche Herausforderungen als Lernmöglichkeiten. Statt sich von Problemen entmutigen zu lassen, versuchen Sie, die verborgenen Chancen in ihnen zu erkennen. Entwickeln Sie Resilienz und Ausdauer, um Schwierigkeiten zu überwinden. Dieser Ansatz fördert nicht nur persönliche Entwicklung, sondern stärkt auch das Selbstbewusstsein und die Fähigkeit, zukünftige Probleme zu bewältigen.

Bedeutung der Neugier und des Lernens

Einsteins Einstellung:

Einstein war überzeugt, dass Neugier und ständiges Lernen wesentliche Bestandteile eines erfüllten Lebens sind. Er betrachtete Bildung als einen lebenslangen Prozess und war ein Verfechter des freien und kritischen Denkens.

Einsteins Worte:

„Ich habe keine besondere Begabung, sondern bin nur leidenschaftlich neugierig."

Anwendung:

Fördern Sie Ihre eigene Neugier und das Streben nach Wissen. Nutzen Sie jede Gelegenheit, um Neues zu lernen und sich weiterzubilden. Stellen Sie Fragen und suchen Sie nach Antworten, nicht nur in formellen Bildungsumgebungen, sondern auch im Alltag. Ein lebenslanges Lernen bereichert das Leben und hilft, die Welt besser zu verstehen und mit ihren Herausforderungen umzugehen.

Engagement für soziale Gerechtigkeit

Einsteins Einstellung:

Einstein war ein leidenschaftlicher Verfechter der sozialen Gerechtigkeit. Er setzte sich aktiv gegen Rassismus, Diskriminierung und Ungleichheit ein und unterstützte die Bürgerrechtsbewegung in den USA.

Einsteins Worte:

„Der Rassismus ist eine Krankheit der Weißen."

Anwendung:

Engagieren Sie sich für soziale Gerechtigkeit und Gleichberechtigung. Bekämpfen Sie Rassismus und Diskriminierung in Ihrem Umfeld und setzen Sie sich für die Rechte und das Wohl aller Menschen ein. Unterstützen Sie Initiativen, die auf soziale Gerechtigkeit abzielen, und seien Sie ein Vorbild für Toleranz und Inklusion. Indem wir uns aktiv für Gerechtigkeit einsetzen, tragen wir zu einer faireren und menschlicheren Gesellschaft bei.

Förderung des Friedens und der internationalen Zusammenarbeit

Einsteins Einstellung:

Einstein war ein überzeugter Pazifist und setzte sich zeitlebens für Frieden und internationale Zusammenarbeit ein. Er warnte vor den Gefahren des Militarismus und plädierte für diplomatische Lösungen bei Konflikten.

Einsteins Worte:

„Frieden kann nicht durch Gewalt erreicht werden; er kann nur durch Verständnis erreicht werden."

Anwendung:

Fördern Sie Frieden und internationale Zusammenarbeit in Ihrem persönlichen und beruflichen Leben. Setzen Sie sich für friedliche Konfliktlösungen ein und unterstützen Sie Organisationen, die für den Frieden arbeiten. Ermutigen Sie zu einem respektvollen und konstruktiven Dialog zwischen verschiedenen Kulturen und Nationen. Der Einsatz für Frieden beginnt oft im Kleinen, kann aber große Auswirkungen haben.

Intellektuelle Freiheit und kritisches Denken

Einsteins Einstellung:

Einstein schätzte die intellektuelle Freiheit und das kritische Denken hoch. Er betonte die Bedeutung einer Bildung, die diese Werte fördert, und kritisierte starre und dogmatische Denkmuster.

Einsteins Worte:

„Der wichtigste Antrieb meines Lebens war die Besessenheit mit der Freiheit."

Anwendung:

Fördern Sie intellektuelle Freiheit und kritisches Denken in Ihrem Umfeld. Schätzen Sie unterschiedliche Perspektiven und hinterfragen Sie bestehende Annahmen. Unterstützen Sie Bildungsinitiativen, die auf diese Werte abzielen, und ermutigen Sie andere, unabhängig und kreativ zu denken. Eine Gesellschaft, die intellektuelle Freiheit und kritisches Denken fördert, ist besser in der Lage, komplexe Probleme zu lösen und innovativ zu sein.

Fazit

Albert Einstein betrachtete Probleme im Leben und der Gesellschaft als Herausforderungen, die mit Neugier, Kreativität, Empathie und einem starken Engagement für Gerechtigkeit und Frieden angegangen werden sollten. Seine Haltung bietet wertvolle Lektionen für uns heute. Indem wir Einsteins Perspektiven übernehmen, können wir nicht nur unsere persönlichen Herausforderungen besser bewältigen, sondern auch aktiv zu einer gerechteren, friedlicheren und menschlicheren

Gesellschaft beitragen. Sein Vermächtnis inspiriert uns, Probleme nicht nur als Hindernisse, sondern als Chancen für Wachstum und positive Veränderung zu sehen.

"Die Unabhängigkeit des Denkens lässt sich nur bewahren
in der Atmosphäre der Freiheit."

Mit dem Zitat bringt Albert Einstein zum Ausdruck, dass das freie Denken und die Fähigkeit, unabhängige Gedanken zu entwickeln, nur dann gedeihen können, wenn es eine Umgebung der Freiheit und Offenheit gibt. Diese Aussage vermittelt eine Botschaft über die Bedeutung der intellektuellen Freiheit und ihrer Abhängigkeit von einer freien Gesellschaft:

1. Freiheit als Voraussetzung für unabhängiges Denken: Einstein betont, dass intellektuelle Unabhängigkeit und kreatives Denken nur in einer Umgebung gedeihen können, in der Menschen das Recht haben, ihre Meinungen auszudrücken und ihre Gedanken frei zu formulieren.

2. Schutz vor Dogmatismus: Die Botschaft unterstreicht, dass die Freiheit, unterschiedliche Ideen und Perspektiven zu erkunden, vor Dogmatismus und Einschränkungen bewahrt. In einer freien Umgebung können Menschen frei von Zwängen ihre Ansichten entwickeln.

3. Vielfalt der Meinungen: Das Zitat betont die Bedeutung einer vielfältigen Mischung von Meinungen, Ansichten und Gedanken. Diese Vielfalt trägt zur Entwicklung und Verfeinerung von Ideen bei.

4. Kritisches Denken: In einer freien Atmosphäre können Menschen kritisch denken, bestehende Annahmen hinterfragen und innovative Konzepte entwickeln. Dies führt zu einer lebendigen geistigen Landschaft.

5. Innovation und Fortschritt: Freies Denken und intellektuelle Unabhängigkeit sind grundlegend für Innovation und Fortschritt. Neue Ideen und Entdeckungen entstehen oft durch das unabhängige Denken von Einzelpersonen.

Insgesamt drückt Einsteins Aussage die Notwendigkeit aus, die Freiheit des Denkens und der Meinungsäußerung zu schützen, um eine lebendige und fortschrittliche Gesellschaft zu fördern. Sie betont die Wechselwirkung zwischen geistiger Freiheit und kreativem Denken und erinnert daran, dass die Freiheit, Gedanken zu äußern und zu erforschen, eine wichtige Grundlage für den menschlichen Fortschritt ist.

"Ein Mensch,
der aufgehört hat zu lernen, ist alt,
mag er zwanzig oder achtzig sein."

Mit diesen Worten bringt Albert Einstein zum Ausdruck, dass das kontinuierliche Lernen, Wachsen und Anpassen an neue Erkenntnisse und Herausforderungen essentiell für geistige Vitalität und Jugendlichkeit ist. Diese Aussage vermittelt eine Botschaft über die Bedeutung des lebenslangen Lernens und der geistigen Agilität:

1. Lebenslanges Lernen: Einstein betont, dass das Lernen kein Akt ist, der mit dem Ende der formellen Bildung endet. Es ist eine Haltung des fortwährenden Interesses an Neuem, die über das gesamte Leben aufrechterhalten werden sollte.

2. Geistige Beweglichkeit: Die Aussage verdeutlicht, dass ein agiler Geist, der sich ständig neuen Herausforderungen stellt, einen großen Einfluss auf die geistige Jugendlichkeit und Flexibilität hat.

3. Offenheit für Neues: Ein Mensch, der weiterhin lernt, bleibt offen für neue Ideen, Ansichten und Technologien. Diese Offenheit trägt dazu bei, sich kontinuierlich anzupassen und wettbewerbsfähig zu bleiben.

4. Kreativität und Wachstum: Das Zitat betont, dass Lernen und geistige Aktivität mit Kreativität und persönlichem Wachstum einhergehen. Neue Erkenntnisse können zu neuen Möglichkeiten und Sichtweisen führen.

5. Erneuerung der Perspektive: Durch das Lernen eröffnen sich ständig neue Perspektiven und Horizonte. Dies trägt dazu bei, die Welt mit einem frischen und neugierigen Blick zu sehen.

Insgesamt möchte Einsteins Aussage darauf hinweisen, dass das Lernen und die geistige Aktivität den Schlüssel zur Erhaltung von Jugendlichkeit, Neugierde und geistiger Schärfe darstellen. Sie lädt dazu ein, eine lebenslange Einstellung des Lernens und der persönlichen Entwicklung zu kultivieren, unabhängig vom Alter.

"Es ist schwer,
in Zeiten des Kummers und der Sorge
die Schönheit des Lebens zu erkennen,
aber es lohnt sich, danach zu suchen."

Mit den Worten bringt Albert Einstein zum Ausdruck, dass es in schwierigen und belastenden Zeiten eine Herausforderung sein kann, die positiven und schönen Aspekte des Lebens wahrzunehmen. Dennoch betont er die Bedeutung, bewusst danach zu suchen, da es lohnenswert ist. Diese Aussage vermittelt eine Botschaft über die Wichtigkeit von Perspektive, Widerstandsfähigkeit und das Entdecken von Lichtblicken:

1. Herausforderung der Perspektive: Einstein erkennt an, dass es in Zeiten von Leid, Sorge und Schwierigkeiten schwer sein kann, die positiven Aspekte des Lebens zu sehen. Das Zitat drückt aus, wie menschliche Emotionen und Umstände die Wahrnehmung beeinflussen können.

2. Bewusstsein für Schönheit: Trotz der Herausforderungen betont das Zitat, dass es wichtig ist, aktiv danach zu suchen, Schönheit, Freude und Lichtblicke zu erkennen, selbst wenn sie auf den ersten Blick nicht offensichtlich sind.

3. Wert der Hoffnung: Die Botschaft betont, dass die Suche nach Schönheit und Positivität in schwierigen Zeiten nicht nur eine Möglichkeit zur Ablenkung ist, sondern auch eine Quelle der Hoffnung und des Trostes sein kann.

4. Resilienz und Widerstandsfähigkeit: Das Zitat unterstreicht die Fähigkeit des Menschen, sich selbst in schwierigen Momenten zu erheben und Wege zu finden, um die Freude und das Positive zu erkennen.

5. Betonung der Wahl: Die Aussage betont, dass es eine bewusste Entscheidung ist, nach der Schönheit im Leben zu suchen, auch wenn die Umstände schwer sind. Dies unterstreicht die aktive Rolle, die wir bei der Gestaltung unserer Wahrnehmung spielen können.

Insgesamt lädt Einsteins Aussage dazu ein, trotz Herausforderungen und Sorgen bewusst danach zu suchen, die positiven Aspekte des Lebens zu erkennen. Sie erinnert daran, dass unsere Wahrnehmung und Einstellung einen großen Einfluss auf unsere Fähigkeit zur Resilienz und zum Umgang mit Schwierigkeiten haben können.

"Man kann das Unmögliche nicht dadurch errei-
chen,
dass man es ablehnt."

Mit dem Satz möchte Albert Einstein dazu inspirieren, offener für neue Ideen, Möglichkeiten und Herausforderungen zu sein. Diese Aussage vermittelt eine Botschaft über die Bedeutung von Kreativität, Innovation und die Überwindung von Beschränkungen:

1. Offenheit für Neues: Einstein lädt dazu ein, die Grenzen des Denkens zu erweitern und nicht voreilig etwas als unmöglich abzutun. Ermutigt wird dazu, Neues zu erkunden und unkonventionelle Ansätze in Betracht zu ziehen.

2. Überwindung von Beschränkungen: Die Botschaft betont, dass der Glaube an die Möglichkeit, selbst scheinbar Unmögliches zu erreichen, ein Schlüssel zum Überwinden von Hindernissen und zur Erreichung großer Ziele sein kann.

3. Innovation und Fortschritt: Indem sie den Fokus auf das Überwinden von Herausforderungen lenkt, lädt die Aussage dazu ein, innovative Lösungen zu finden und Fortschritt in verschiedenen Bereichen anzustreben.

4. Kreativität und Denkweisen: Der Satz betont die Bedeutung des kreativen Denkens und der Bereitschaft, bestehende Annahmen zu hinterfragen. Dadurch können neue Wege entdeckt werden, die vorher als unmöglich erschienen.

5. Mut zur Veränderung: Die Botschaft inspiriert dazu, mutig genug zu sein, bestehende Paradigmen (Denkweisen, Weltsicht, Weltanschauungen) zu hinterfragen und Veränderungen anzustreben, um das Unmögliche möglich zu machen.

Insgesamt möchte Einsteins Aussage dazu ermutigen, nicht durch vermeintliche Grenzen oder Schwierigkeiten eingeschränkt zu werden, sondern vielmehr eine offene und erfinderische Denkweise zu entwickeln. Sie inspiriert dazu, Herausforderungen anzunehmen, die scheinbar Unmögliches zu überdenken und nach neuen Wegen zu suchen, um innovative Lösungen und Fortschritt zu fördern.

"Der Fortschritt besteht nicht in der Verbesserung dessen,
was war,
sondern in der Ausrichtung auf das,
was sein wird."

Mit dem Satz betont Albert Einstein die Vorstellung, dass Fortschritt nicht nur darin besteht, bestehende Dinge zu optimieren, sondern auch darin, sich auf zukünftige Entwicklungen und Veränderungen auszurichten. Diese Aussage vermittelt eine Botschaft über die Dynamik des Fortschritts und die Notwendigkeit, visionär zu denken:

1. Antizipation zukünftiger Entwicklungen: Einstein betont, dass echter Fortschritt darin besteht, über die aktuellen Zustände hinauszudenken und auf zukünftige Veränderungen und Möglichkeiten vorbereitet zu sein.

2. Innovationsgeist: Die Aussage ermutigt dazu, kreativ zu denken und neue Ansätze zu entwickeln, anstatt sich ausschließlich auf die Verbesserung bestehender Lösungen zu konzentrieren.

3. Adaptabilität: Sie betont die Bedeutung der Anpassungsfähigkeit, um auf sich ändernde Umstände, Technologien und soziale Veränderungen vorbereitet zu sein.

4. Fokus auf das Potenzial: Die Botschaft drückt aus, dass der Blick nicht nur auf Vergangenes gerichtet sein sollte, sondern auf das Potenzial und die Möglichkeiten, die in der Zukunft liegen.

5. Wandel als Konstante: Der Satz unterstreicht die Idee, dass Veränderung und Entwicklung ständige Begleiter des menschlichen Fortschritts sind. Die Fähigkeit, sich anzupassen und neu zu denken, ist von entscheidender Bedeutung.

Insgesamt lädt Einsteins Aussage dazu ein, einen weitreichenden Blick auf die Zukunft zu werfen und die Dynamik des Wandels zu erkennen. Sie betont, dass echter Fortschritt das Ergebnis visionären Denkens und die Bereitschaft zur Anpassung an Veränderungen ist, die noch kommen werden.

Einsteins philosophischer Ansatz zur Zukunft

Albert Einstein hatte einen einzigartigen philosophischen Ansatz zur Zukunft, der tief in seiner wissenschaftlichen und humanistischen Weltanschauung verwurzelt war. Seine Sichtweise auf die Zukunft war geprägt von einer Mischung aus Optimismus, Verantwortung und dem Glauben an den Fortschritt durch Wissenschaft und menschliche Kooperation.

Glaube an den wissenschaftlichen Fortschritt

Einsteins Philosophie zur Zukunft war stark von seinem Vertrauen in den wissenschaftlichen Fortschritt geprägt. Er sah in der Wissenschaft ein mächtiges Werkzeug, um die Welt zu verbessern und die Menschheit voranzubringen. Einstein glaubte, dass durch Forschung und Innovation viele der drängenden Probleme der Menschheit gelöst werden könnten, sei es in den Bereichen Energie, Gesundheit oder Kommunikation.

Zitat:

„Ich glaube daran, dass wissenschaftliche Forschung und Entdeckungen in der Lage sind, die Lebensqualität der Menschen zu verbessern und neue Horizonte zu eröffnen."

Verantwortung und ethische Reflexion

Einstein war sich der Verantwortung bewusst, die mit wissenschaftlichem Fortschritt einhergeht. Er betonte die Notwendigkeit, ethische Überlegungen in wissenschaftliche und technologische Entwicklungen einzubeziehen. Einsteins Rolle bei der Entwicklung der Atomwaffen und seine spätere Reue über deren Einsatz sind bekannte Beispiele für seine ethische Reflexion.

Zitat:

„Wissenschaft ohne Religion ist lahm, Religion ohne Wissenschaft ist blind."

Pazifismus und internationale Zusammenarbeit

Einstein setzte sich leidenschaftlich für den Frieden und die internationale Zusammenarbeit ein. Er glaubte, dass die Zukunft der Menschheit nur gesichert werden kann, wenn Nationen zusammenarbeiten und Konflikte durch Diplomatie und Verständnis gelöst werden. Sein Engagement gegen Krieg und für die Vereinten Nationen spiegelte diesen Glauben wider.

Zitat:

„Frieden kann nicht durch Gewalt erreicht werden; er kann nur durch Verständnis erreicht werden."

Humanismus und soziale Gerechtigkeit

Einstein war ein starker Verfechter des Humanismus und der sozialen Gerechtigkeit. Er glaubte, dass eine gerechte Gesellschaft, in der alle Menschen gleiche Chancen und Rechte haben, die Grundlage für eine positive Zukunft ist. Er setzte sich aktiv für Bürgerrechte und gegen Rassismus ein, insbesondere in den USA während der Bürgerrechtsbewegung.

Zitat:

„Unser Glaube an die Menschheit sollte uns anspornen, für die Rechte und das Wohlergehen aller Menschen einzutreten."

Neugier und Bildung als Schlüssel zur Zukunft

Einstein betrachtete Bildung und die Förderung der Neugier als wesentliche Elemente für den Fortschritt der Menschheit. Er war überzeugt, dass ein starkes Bildungssystem und die Förderung kritischen und kreativen Denkens die Grundlagen für eine innovative und zukunftsfähige Gesellschaft sind.

Zitat:

„Das Wichtigste ist, nicht aufzuhören, Fragen zu stellen. Neugier hat ihren eigenen Grund für das Dasein."

Warum vertrat Einstein diesen Ansatz?

Einsteins philosophischer Ansatz zur Zukunft war eine natürliche Erweiterung seiner wissenschaftlichen Arbeit und seiner humanistischen Werte. Als Wissenschaftler sah er das enorme Potenzial der Wissenschaft, um das Leben der Menschen zu verbessern und die Herausforderungen der Menschheit zu bewältigen. Gleichzeitig war er sich der ethischen Implikationen und der Verantwortung bewusst, die mit diesem Potenzial einhergingen.

Seine persönlichen Erfahrungen, einschließlich der Flucht vor dem Nationalsozialismus und seiner Erlebnisse in den USA, verstärkten seinen Einsatz für soziale Gerechtigkeit und internationale Zusammenarbeit. Einstein erkannte, dass wissenschaftlicher Fortschritt ohne ethische Reflexion und humanistische Werte zu katastrophalen Ergebnissen führen kann.

Fazit

Albert Einsteins philosophischer Ansatz zur Zukunft kombiniert Optimismus in Bezug auf den wissenschaftlichen Fortschritt mit einer tiefen Verantwortung für die ethischen und sozialen Konsequenzen dieses Fortschritts. Er glaubte an die Macht der Neugier und Bildung, an die Notwendigkeit von Frieden und internationaler Zusammenarbeit und an die zentrale Bedeutung von sozialer Gerechtigkeit. Diese Überzeugungen formten seine Vision einer besseren Zukunft und bieten wertvolle Leitlinien für die Gestaltung unserer eigenen Zukunft.

"Der einzige Weg,
gegenüber dem Leben unsterblich zu sein, ist,
ihm Bedeutung zu verleihen."

Mit dem Satz drückt Albert Einstein die Idee aus, dass die Möglichkeit, eine Art von Unsterblichkeit zu erreichen, darin liegt, dem eigenen Leben Bedeutung zu geben und es auf eine Weise zu gestalten, die einen positiven Einfluss auf die Welt hat. Diese Aussage vermittelt eine Botschaft über den Sinn des Lebens und die Schaffung eines bleibenden Erbes:

1. Bedeutung und Erfüllung: Einstein betont, dass es nicht darum geht, physische Unsterblichkeit zu erreichen, sondern darum, das eigene Leben mit Bedeutung und Erfüllung zu füllen. Dies kann durch bedeutungsvolle Beziehungen, kreative Beiträge und moralisches Handeln geschehen.

2. Positive Auswirkungen: Die Aussage drückt aus, dass das Streben nach einem positiven Einfluss auf die Welt und die Mitmenschen dazu beiträgt, dass die eigenen Handlungen und Werte über die eigene Lebenszeit hinaus Bestand haben.

3. Persönliches Erbe: Indem man dem Leben Bedeutung verleiht und sich für höhere Werte einsetzt, hinterlässt man ein Erbe, das in den Erinnerungen, Geschichten und Auswirkungen auf andere Menschen weiterlebt.

4. Sinnhaftigkeit des Lebens: Die Botschaft betont, dass das Streben nach einem sinnvollen und erfüllten Leben eine der essentiellen Fragen der menschlichen Existenz ist. Es geht um mehr als nur das individuelle Überleben.

5. Inspiration für andere: Indem man dem Leben Bedeutung verleiht, kann man andere inspirieren und dazu ermutigen, ebenfalls positiven Einfluss zu nehmen und ihr eigenes Leben in Bedeutung zu tränken.

Insgesamt lädt Einsteins Aussage dazu ein, über das eigene Leben hinaus zu denken und es durch bedeutungsvolle Handlungen und positive Auswirkungen unsterblich zu machen. Sie betont, dass das Streben nach Bedeutung und Sinnhaftigkeit eine Möglichkeit ist, eine Art von dauerhaftem Erbe zu schaffen, das über die individuelle Lebenszeit hinausreicht.

"Die Welt ist ein gefährlicher Ort,
nicht wegen der Menschen,
die böse sind,
sondern wegen der Menschen,
die nichts dagegen unternehmen."

Mit diesem Satz drückt Albert Einstein seine Besorgnis darüber aus, dass passives Verhalten und Gleichgültigkeit gegenüber Unrecht und Gefahren genauso problematisch sein können wie böswilliges Handeln. Diese Aussage vermittelt eine Botschaft über Verantwortung, Engagement und die Bedeutung, aktiv gegen Ungerechtigkeit und Gefahren einzutreten:

1. Verantwortung für die Gesellschaft: Einstein betont, dass wir als Mitglieder der Gesellschaft die Verantwortung haben, nicht nur unser eigenes Wohl im Blick zu haben, sondern auch dazu beizutragen, eine sicherere und gerechtere Welt für alle zu schaffen.

2. Aktion vs. Inaktion: Die Aussage betont, dass nicht nur böswillige Taten schaden können, sondern auch das Fehlen von Handeln und der Wille, Unrecht zu bekämpfen, negative Auswirkungen haben kann.

3. Notwendigkeit des Eingreifens: Sie unterstreicht die Bedeutung, aktiv gegen Ungerechtigkeit, Diskriminierung und Gefahren vorzugehen, um die Welt sicherer und gerechter zu machen.

4. Gesellschaftliche Veränderung: Die Botschaft drückt aus, dass positive Veränderungen oft von Menschen getragen werden, die entschlossen sind, sich gegen Ungerechtigkeiten zu stellen und einen Beitrag zur Verbesserung der Welt zu leisten.

5. Moralisches Engagement: Einsteins Worte erinnern daran, dass es nicht ausreicht, nicht aktiv böse zu sein. Es ist ebenso wichtig, sich aktiv für das Gute und die Beseitigung von Missständen einzusetzen.

Insgesamt betont Einsteins Aussage die Notwendigkeit, aktiv und verantwortungsbewusst zu handeln, um die Welt sicherer, gerechter und positiver zu gestalten. Sie lädt dazu ein, nicht nur in der Rolle des Beobachters zu verharren, sondern sich für positive Veränderungen einzusetzen und sich gegen Ungerechtigkeiten und Gefahren zu stellen.

"Der Zufall ist das Pseudonym,
das der liebe Gott wählt,
wenn er inkognito bleiben will."

Mit dem Satz drückt Albert Einstein eine humorvolle und poetische Vorstellung von Zufall und dem Mysterium des Universums aus. Diese Aussage vermittelt eine Botschaft über die geheimnisvolle Natur des Zufalls und die metaphorische Verbindung zwischen Zufall und einer höheren Ordnung:

1. Mystik und Spiritualität: Einstein nutzt die Metapher des "lieben Gottes", um die Idee einer höheren Macht oder Ordnung anzudeuten, die hinter den scheinbar zufälligen Ereignissen stehen könnte.

2. Zufall als Teil eines größeren Plans: Die Aussage unterstreicht die Möglichkeit, dass der Zufall Teil eines größeren Musters oder Plans sein könnte, den wir möglicherweise nicht vollständig verstehen.

3. Sicht auf das Unbekannte: Die Metapher des "lieben Gottes" in Verbindung mit Zufall zeigt, dass es Aspekte des Universums gibt, die außerhalb unserer aktuellen Wahrnehmung und Erkenntnis liegen.

4. Verbindung zwischen Spiritualität und Wissenschaft: Einsteins Aussage zeigt eine gewisse Verbindung zwischen seinem wissenschaftlichen Verständnis des Universums und einer tieferen, spirituellen Perspektive.

5. Poetische Ausdrucksweise: Die Formulierung "Pseudonym, das der liebe Gott wählt, wenn er inkognito bleiben will" zeigt Einsteins Fähigkeit, komplexe Ideen auf poetische und eingängige Weise auszudrücken.

Insgesamt drückt Einsteins Aussage eine Mischung aus Philosophie, Spiritualität und Humor aus. Sie erinnert daran, dass es im Universum mehr gibt, als wir verstehen können, und dass der Zufall möglicherweise Teil eines größeren und mysteriösen Zusammenhangs ist.

"Es gibt zwei Arten,
sein Leben zu leben:
entweder so,
als wäre nichts ein Wunder,
oder so,
als wäre alles ein Wunder."

Mit diesen Worten lädt Albert Einstein dazu ein, die Welt mit einer bewussten und wertschätzenden Perspektive zu betrachten. Diese Aussage vermittelt eine Botschaft über Staunen, Dankbarkeit und die Wahl, wie wir unser Leben wahrnehmen:

1. Perspektive auf die Welt: Einstein betont, dass die Art und Weise, wie wir die Welt betrachten, unsere Lebensqualität stark beeinflusst. Wir haben die Wahl, ob wir die Welt als gewöhnlich und alltäglich oder als voller Wunder und Besonderheiten sehen.

2. Staunen und Bewunderung: Die Botschaft ermutigt dazu, die Welt mit Staunen und Bewunderung zu betrachten, unabhängig von der Größe oder Alltäglichkeit der Ereignisse.

3. Achtsamkeit: Einsteins Worte laden dazu ein, achtsam zu sein und die Schönheit und Einzigartigkeit der Welt um uns herum zu erkennen.

4. Positiver Einfluss auf das Leben: Die Aussage betont, dass die Wahl, das Leben als Wunder zu betrachten, zu einer positiveren und dankbareren Einstellung führen kann.

5. Kontrolle über die Wahrnehmung: Sie zeigt auf, dass wir die Kontrolle darüber haben, wie wir unsere Welt sehen und bewerten.

Insgesamt lädt Einsteins Aussage dazu ein, bewusst die Wunder und Besonderheiten des Lebens wahrzunehmen und sich von einem Gefühl des Staunens und der Dankbarkeit leiten zu lassen. Sie betont die Freiheit, unsere Sichtweise auf die Welt zu wählen und die positiven Auswirkungen dieser Wahl auf unser Leben zu erkennen.

*"Um ein tadelloses Mitglied einer Schafherde sein
zu können,
muss man vor allem ein Schaf sein."*

Mit diesem Satz drückt Albert Einstein eine kritische Sichtweise auf Konformität, Passivität und das Fehlen von eigenem Denken aus. Diese Aussage vermittelt eine Botschaft über Individualität, Selbstständigkeit und das Hinterfragen von Herdenmentalität:

1. Konformität und Passivität: Einstein betont, dass Menschen, die blind der Masse folgen und sich nicht eigenständig informieren oder denken, in gewisser Weise wie "Schafe" handeln.

2. Kritisches Denken: Die Botschaft ermutigt dazu, nicht einfach den Mainstream oder die Mehrheit zu akzeptieren, sondern kritisch zu hinterfragen, zu analysieren und unabhängige Schlüsse zu ziehen.

3. Selbstständigkeit: Einsteins Worte drücken die Bedeutung aus, eine eigenständige Persönlichkeit zu entwickeln und nicht einfach den Erwartungen anderer zu folgen.

4. Vermeidung von Herdenmentalität: Die Aussage warnt davor, sich von der Herde mitreißen zu lassen, ohne sich bewusst zu sein, wohin sie führt.

5. Individualität und Mut: Sie lädt dazu ein, den Mut zu haben, unabhängige Gedanken zu entwickeln und sich von konformistischem Denken abzuheben.

Insgesamt kritisiert Einsteins Aussage das blinde Folgen und die fehlende kritische Auseinandersetzung mit Ideen und Überzeugungen. Sie betont die Wichtigkeit des individuellen Denkens und des Hinterfragens, um ein tieferes Verständnis und eine eigenständige Persönlichkeit zu entwickeln.

Wunder aus der Sicht von Albert Einstein:
Die Verbindung von Wissenschaft und Staunen

Albert Einstein, der herausragende Physiker und Denker des 20. Jahrhunderts, hatte eine einzigartige Sichtweise auf Wunder. Seine Perspektive verband tiefes wissenschaftliches Verständnis mit einer anhaltenden Fähigkeit zum Staunen über das Universum. In Einsteins Augen waren Wunder nicht Widersprüche zur Wissenschaft, sondern vielmehr Ausdruck eines tieferen Verständnisses der Naturgesetze und der Schönheit des Kosmos.

Einsteins Definition von Wundern

Für Einstein waren Wunder keine übernatürlichen Ereignisse, die die Gesetze der Physik außer Kraft setzen. Stattdessen sah er Wunder als tiefgreifende und oft unerwartete Entdeckungen und Einsichten, die unser Verständnis der Welt erweitern. Diese „Wunder" waren das Ergebnis wissenschaftlicher Neugier und des unermüdlichen Strebens nach Wissen.

Zitat:

„Es gibt nur zwei Arten zu leben. Entweder so, als wäre nichts ein Wunder, oder so, als wäre alles ein Wunder."

Die Wunder des Alltags

Einstein betrachtete das tägliche Leben durch eine Linse des Staunens. Er sah in den alltäglichen Phänomenen und den komplexen Mechanismen der Natur die größten Wunder. Für ihn war das Universum selbst ein riesiges, zusammenhängendes Wunder, das durch die Gesetze der Physik beschrieben werden kann.

Einsteins Worte:

„Das schönste, was wir erleben können, ist das Geheimnisvolle. Es ist die Quelle aller wahren Kunst und Wissenschaft."

Anwendung:

Nehmen Sie sich Zeit, um die Welt um sich herum mit neuen Augen zu sehen. Die Schönheit eines Sonnenuntergangs, die Komplexität eines Blattes oder die Unendlichkeit des Sternenhimmels – all dies sind tägliche Wunder, die wir oft übersehen. Diese Perspektive kann uns helfen, Dankbarkeit und Ehrfurcht zu entwickeln und unsere Verbindung zur natürlichen Welt zu vertiefen.

Die Wunder der Wissenschaft

Einstein war überzeugt, dass die Wissenschaft der Schlüssel zur Entdeckung und zum Verständnis der Wunder des Universums ist. Jede neue Entdeckung, ob groß oder klein, enthüllt ein weiteres Stück des wunderbaren Puzzles, dass unser Universum darstellt.

Einsteins Worte:

„Wer sich nicht mehr wundern kann, der ist seelisch bereits tot."

Anwendung:

Sehen Sie die Wissenschaft als eine Reise des Entdeckens und Staunens. Jede wissenschaftliche Erkenntnis, von der Relativitätstheorie bis zur Quantenmechanik, öffnet neue Fenster in die Struktur unserer Realität. Diese Entdeckungen laden uns ein, die Wunder der Natur zu erforschen und zu verstehen.

Die Verbindung von Spiritualität und Wissenschaft

Einstein lehnte die Vorstellung eines persönlichen Gottes ab, war jedoch tief spirituell in seiner Ehrfurcht vor dem Universum. Er glaubte, dass wahre Wissenschaft eine spirituelle Dimension hat, da sie die tiefe Ordnung und Harmonie des Kosmos offenbart.

Einsteins Worte:

„Meine Religion besteht aus einer demütigen Bewunderung des unermesslichen, überlegenen Geistes, der sich in den kleinen Dingen zeigt, die wir mit unserem schwachen und vergänglichen Verstand erfassen können."

Anwendung:

Pflegen Sie eine Haltung der demütigen Bewunderung gegenüber dem Universum. Diese spirituelle Perspektive, die durch wissenschaftliches Verständnis genährt wird, kann uns helfen, ein tieferes Gefühl von Verbundenheit und Staunen zu erleben. Es erinnert uns daran, dass wir Teil eines größeren Ganzen sind, das weit über unser unmittelbares Verständnis hinausgeht.

Die Wunder der menschlichen Kreativität und Zusammenarbeit

Einstein sah auch in der menschlichen Kreativität und der Fähigkeit zur Zusammenarbeit große Wunder. Die Errungenschaften der Menschheit, von der Kunst bis zur Technologie, sind Zeugnisse des menschlichen Geistes und seines Potenzials, das Unmögliche möglich zu machen.

Einsteins Worte:

„Phantasie ist wichtiger als Wissen, denn Wissen ist begrenzt, Phantasie aber umfasst die ganze Welt."

Anwendung:

Erkennen und schätzen Sie die Wunder der menschlichen Kreativität und Innovation. Fördern Sie Ihre eigene Kreativität und Zusammenarbeit mit anderen, um neue Lösungen zu finden und gemeinsame Ziele zu erreichen. Diese menschlichen Wunder sind ebenso bemerkenswert wie die natürlichen und wissenschaftlichen Wunder, die uns umgeben.

Fazit

Albert Einstein lehrte uns, dass Wunder nicht im Widerspruch zur Wissenschaft stehen, sondern tief in ihr verwurzelt sind. Durch die Augen eines Wissenschaftlers zu sehen bedeutet, in jeder Entdeckung, in jedem Detail und in jedem Moment das Wunderbare zu erkennen. Einsteins Perspektive fordert uns auf, mit Neugier, Staunen und einem tiefen Respekt für das Unbekannte zu leben. Indem wir diese Sichtweise übernehmen, können wir ein erfüllteres, bedeutungsvolleres Leben führen und gleichzeitig die unglaubliche Schönheit und Komplexität des Universums feiern.

*"Das Schönste,
was wir erleben können,
ist das Geheimnisvolle."*

Mit dem Satz drückt Albert Einstein die Faszination für das Unbekannte, das Mysteriöse und das Unerforschte aus. Diese Aussage vermittelt eine Botschaft über die Anziehungskraft des Rätselhaften und die Freude an der Entdeckung:

1. Faszination für das Unbekannte: Einstein betonte die Schönheit und Anziehungskraft von Dingen, die wir noch nicht vollständig verstehen oder durchschauen können.

2. Neugier und Entdeckung: Die Botschaft lädt dazu ein, neugierig zu sein und Freude daran zu finden, das Geheimnisvolle zu erforschen und zu enthüllen.

3. Wunder der Natur: Einsteins Worte drücken aus, dass die Welt und das Universum voller Geheimnisse und unerklärter Phänomene sind, die es zu entdecken gilt.

4. Besondere Momente des Staunens: Die Aussage betont, dass Momente des Staunens und der Entdeckung uns tiefe Freude und Zufriedenheit bringen können.

5. Verbindung mit der Wissenschaft: Sie zeigt die enge Verbindung zwischen Einsteins wissenschaftlichem Forschergeist und seiner Faszination für das Geheimnisvolle.

Insgesamt lädt Einsteins Aussage dazu ein, die Welt mit neugierigen und offenen Augen zu betrachten und die Freude an der Entdeckung des Unbekannten zu schätzen. Sie betont die Schönheit und Bedeutung von Wundern, Rätseln und unerforschten Bereichen in unserem Leben und im Universum.

„In der Mitte von Schwierigkeiten liegen die Mög-lichkeiten."

Mit seinen Worten drückt Albert Einstein die Vorstellung aus, dass in Zeiten der Herausforderung und des Widerstands auch Chancen und Potenzial für Wachstum und Veränderung existieren. Diese Aussage vermittelt eine Botschaft über den positiven Aspekt von Schwierigkeiten und die Möglichkeit, aus ihnen zu lernen:

1. Positive Sicht auf Schwierigkeiten: Einstein betont, dass Schwierigkeiten nicht nur negative Hindernisse sind, sondern auch die Gelegenheit bieten, neue Lösungen zu finden und sich weiterzuentwickeln.

2. Lernen und Wachstum: Die Botschaft lädt dazu ein, aus Herausforderungen zu lernen und sich selbst zu überwinden, um neue Fähigkeiten und Einsichten zu gewinnen.

3. Kreativität und Innovation: Einsteins Worte drücken aus, dass in schwierigen Situationen oft der Druck besteht, kreative Lösungen zu finden, die sonst möglicherweise nicht entstanden wären.

4. Perspektivenwechsel: Die Aussage ermutigt dazu, Schwierigkeiten als Gelegenheit zur Veränderung und zur Annahme neuer Perspektiven zu betrachten.

5. Wert der Entschlossenheit: Sie betont, dass die Überwindung von Hindernissen und Schwierigkeiten den Wert der Entschlossenheit und des Einsatzes zeigt.

Insgesamt lädt Einsteins Aussage dazu ein, eine positive Einstellung zu Schwierigkeiten zu haben und sie als Möglichkeiten für persönliches Wachstum und Entwicklung zu betrachten. Sie erinnert daran, dass Widerstände und Herausforderungen oft der Ausgangspunkt für Innovation, Kreativität und positive Veränderungen sein können.

„Der Sinn des Lebens besteht nicht darin,
ein erfolgreicher Mensch zu sein,
sondern ein wertvoller."

Mit diesem Zitat drückt Albert Einstein eine Perspektive auf den Lebenssinn aus, die über äußere Erfolge hinausgeht. Diese Aussage vermittelt eine Botschaft über den Wert von Menschlichkeit, Beiträgen zur Gesellschaft und persönlicher Integrität:

1. Menschlicher Wert: Einstein betont, dass der Wert eines Individuums nicht ausschließlich durch äußere Erfolge wie Reichtum oder Prestige bestimmt wird, sondern durch die Art und Weise, wie jemand zur Gesellschaft beiträgt.

2. Ethik und Moral: Die Botschaft drückt aus, dass moralische und ethische Prinzipien ebenso wichtig sind wie äußere Erfolge, wenn es darum geht, einen wertvollen Beitrag zur Welt zu leisten.

3. Gemeinschaft und Dienst: Einsteins Worte betonen den Wert von Gemeinschaft und Dienst an anderen Menschen, um positiven Einfluss auszuüben und das eigene Leben sinnvoll zu gestalten.

4. Selbstverwirklichung: Die Aussage lädt dazu ein, sich auf persönliche Entwicklung, Selbstverwirklichung und das Streben nach innerer Erfüllung zu konzentrieren.

5. Verantwortung: Sie erinnert daran, dass wir eine Verantwortung haben, mehr als nur persönlichen Erfolg anzustreben und aktiv dazu beizutragen, die Welt um uns herum zu einem besseren Ort zu machen.

Insgesamt lädt Einsteins Aussage dazu ein, den Fokus auf innere Werte, moralische Integrität und die positiven Auswirkungen, die wir auf andere haben können, zu legen. Sie erinnert daran, dass der Lebenssinn nicht nur darin liegt, erfolgreich zu sein, sondern darin, einen wertvollen und positiven Beitrag zur Gesellschaft und zur Welt insgesamt zu leisten.

„Glück ist,
was lächeln macht,
was Angst, Sorge,
Ungewissheit vertreibt und inneren Frieden
schenkt.“

Mit diesem Satz drückt Albert Einstein eine einfache und tiefgreifende Definition von Glück aus. Diese Aussage vermittelt eine Botschaft über die wesentlichen Bestandteile des Glücks und die Bedeutung von positiven Emotionen und innerem Frieden:

1. Positive Emotionen: Einstein betont, dass Glück eng mit positiven Emotionen wie Freude, Lächeln und Gelassenheit verbunden ist.

2. Überwindung von Negativität: Die Botschaft drückt aus, dass Glück in der Fähigkeit liegt, Ängste, Sorgen und Unsicherheiten zu überwinden und inneren Frieden zu finden.

3. Innerer Frieden: Einsteins Worte unterstreichen die Bedeutung von innerem Frieden und Ausgeglichenheit als Grundlage für wahres Glück.

4. Einfachheit des Glücks: Die Aussage betont, dass Glück in den kleinen Momenten des Lebens gefunden werden kann, die Freude, Ruhe und Zufriedenheit bringen.

5. Emotionale Gesundheit: Sie zeigt auf, dass Glück nicht nur äußere Umstände betrifft, sondern auch das emotionale Wohlbefinden und die innere Einstellung.

Insgesamt lädt Einsteins Aussage dazu ein, Glück als etwas Einfaches und Inniges zu betrachten, das in positiven Emotionen, innerem Frieden und der Überwindung von negativen Gefühlen liegt. Sie erinnert daran, dass Glück nicht nur durch äußere Erfolge oder Umstände erreicht wird, sondern durch die Fähigkeit, positive Emotionen zu kultivieren und inneren Frieden zu finden.

„Wenn du ein glückliches Leben willst,
verbinde es mit einem Ziel,
nicht aber mit Menschen oder Dingen."

Mit diesen Worten drückt Albert Einstein eine Philosophie des Glücks aus, die auf persönlichem Wachstum, Zweck und innerer Erfüllung basiert. Diese Aussage vermittelt eine Botschaft über die Bedeutung von Zielen und Selbstverwirklichung:

1. Persönliches Wachstum: Einstein betont, dass Glück in der Verbindung mit einem Ziel liegt, das persönliches Wachstum, Fortschritt und Erfüllung fördert.

2. Unabhängigkeit von Äußerlichkeiten: Die Botschaft drückt aus, dass wahres Glück nicht von äußeren Faktoren wie Menschen oder Besitztümern abhängt, sondern von inneren Zielen und Entwicklungen.

3. Selbstverwirklichung: Einsteins Worte betonen die Bedeutung von Zielen, die mit der eigenen Leidenschaft, Neigungen und Fähigkeiten in Einklang stehen.

4. Eigenverantwortung: Die Aussage lädt dazu ein, die Verantwortung für das eigene Glück in die eigenen Hände zu nehmen und es nicht von anderen abhängig zu machen.

5. Langfristige Erfüllung: Sie zeigt auf, dass kurzfristige Freuden durch soziale Kontakte oder materielle Dinge oft nicht langfristig erfüllen können, während die Verfolgung eines persönlichen Ziels nachhaltige Freude und Sinnhaftigkeit bringen kann.

Insgesamt lädt Einsteins Aussage dazu ein, das Glück in der Verbindung mit persönlichen Zielen und Selbstverwirklichung zu suchen, anstatt es von externen Faktoren abhängig zu machen. Sie betont die Bedeutung von innerer Zufriedenheit, Wachstum und Erfüllung, um ein wirklich glückliches Leben zu führen.

„Sich über das Glück anderer zu freuen,
erzeugt übrigens eigenes Glück."

Mit den Worten inspiriert Albert Einstein dazu, Freude, Mitgefühl und Positivität in Bezug auf das Glück anderer zu empfinden. Diese Aussage vermittelt eine Botschaft über die Kraft des Mitgefühls und wie es zu einem positiven Einfluss auf das eigene Wohlbefinden führen kann:

1. Mitgefühl und Empathie: Einstein betont, dass die Fähigkeit, sich aufrichtig über das Glück und die Erfolge anderer zu freuen, ein Ausdruck von Mitgefühl und Empathie ist.

2. Positive Einstellung: Die Botschaft drückt aus, dass das Teilen in der Freude anderer nicht nur eine altruistische Handlung ist, sondern auch die eigene Einstellung und das eigene Glück positiv beeinflussen kann.

3. Verbindung mit anderen: Einsteins Worte betonen die positive Verbindung zu anderen Menschen und wie diese Verbindung dazu beitragen kann, eine positive und freudige Atmosphäre zu schaffen.

4. Gegenseitiges Glück: Die Aussage zeigt auf, dass das Teilen von Freude und Glück zu einer Win-Win-Situation führen kann, bei der sowohl die Person, die sich freut, als auch diejenigen, über deren Glück sie sich freut, davon profitieren.

5. Verbreitung von Positivität: Sie ermutigt dazu, eine Kultur des Wohlwollens und der Positivität zu schaffen, in der sich Menschen gemeinsam über Erfolge und Freuden freuen können.

Insgesamt inspirieren Einsteins Worte dazu, Mitgefühl und Freude an den Erfolgen anderer zu zeigen, anstatt von Eifersucht oder Missgunst geleitet zu werden. Sie betonen die Verbindung zwischen dem Glück anderer und dem eigenen Wohlbefinden und zeigen, wie ein offenes Herz und eine positive Einstellung zu einer bereichernden Erfahrung für alle führen können.

Albert Einsteins Weisheit für die heutige Welt: Ratschläge für ein besseres Leben

Albert Einstein, der visionäre Physiker und Humanist, hinterließ uns nicht nur revolutionäre wissenschaftliche Erkenntnisse, sondern auch zeitlose Weisheiten, die uns helfen können, unser Leben und das Leben anderer zu verbessern. Wenn Einstein heute noch leben würde, was würde er uns raten, um unsere Welt besser zu gestalten? Hier sind einige der wichtigsten Ratschläge, die er uns mitgeben könnte.

Neugier und lebenslanges Lernen

Einsteins Ratschlag:

„Das Wichtigste ist, nicht aufzuhören, Fragen zu stellen. Neugier hat ihren eigenen Grund für das Dasein."

Anwendung:

Bleiben Sie neugierig und engagiert im Streben nach Wissen. Setzen Sie sich das Ziel, kontinuierlich zu lernen, sei es durch formelle Bildung, das Lesen von Büchern oder den Austausch mit anderen Menschen. Fördern Sie eine Kultur des Lernens in Ihrem Umfeld, indem Sie Ihre eigenen Entdeckungen und Einsichten teilen und andere ermutigen, Fragen zu stellen und zu forschen. Lebenslanges Lernen hält unseren Geist lebendig und öffnet uns neue Perspektiven.

Kreativität und Vorstellungskraft

Einsteins Ratschlag:

„Phantasie ist wichtiger als Wissen, denn Wissen ist begrenzt."

Anwendung:

Nutzen Sie Ihre Vorstellungskraft, um Probleme zu lösen und neue Ideen zu entwickeln. Kreativität ist nicht nur in den Künsten wichtig, sondern in allen Bereichen des Lebens, von der Wissenschaft bis zur Wirtschaft. Ermutigen Sie sich selbst und andere, außerhalb der gewohnten Denkweisen zu denken und innovative Lösungen zu finden. Eine offene und kreative Denkweise kann zu unerwarteten und bahnbrechenden Entdeckungen führen.

Bescheidenheit und Einfachheit

Einsteins Ratschlag:

„Bescheidenheit passt zu jedem Verstand."

Anwendung:

Praktizieren Sie Bescheidenheit und streben Sie ein einfaches Leben an. Konzentrieren Sie sich auf die Dinge, die wirklich wichtig sind: menschliche Beziehungen, persönliches Wachstum und gesellschaftliches Engagement. Reduzieren Sie unnötigen materiellen Konsum und erkennen Sie, dass wahres Glück nicht von äußeren Besitztümern, sondern von innerer Zufriedenheit und einem erfüllten Leben kommt.

Empathie und Mitgefühl

Einsteins Ratschlag:

„Ein Mensch ist ein Teil des Ganzen, das wir Universum nennen, ein Teil begrenzt in Zeit und Raum. Er erfährt sich selbst, seine Gedanken und Gefühle als etwas vom Rest Getrenntes – eine Art optische Täuschung seines Bewusstseins."

Anwendung:

Üben Sie Empathie und Mitgefühl in Ihrem täglichen Leben. Versuchen Sie, die Perspektiven und Gefühle anderer Menschen zu verstehen und ihnen mit Freundlichkeit und Unterstützung zu begegnen. Engagieren Sie sich für soziale Gerechtigkeit und helfen Sie denen, die in Not sind. Empathie und Mitgefühl fördern nicht nur das Wohl anderer, sondern auch unser eigenes Wohlbefinden und unsere Zufriedenheit.

Engagement für Frieden und Gerechtigkeit

Einsteins Ratschlag:

„Frieden kann nicht durch Gewalt erreicht werden; er kann nur durch Verständnis erreicht werden."

Anwendung:

Setzen Sie sich aktiv für Frieden und Gerechtigkeit ein. Fördern Sie den Dialog und die Zusammenarbeit zwischen verschiedenen Gruppen und Nationen. Unterstützen Sie Initiativen, die auf Konfliktlösung und Verständigung abzielen. Ermutigen Sie zu einem respektvollen und friedlichen Umgang miteinander, sowohl im persönlichen als auch im globalen Kontext. Der Einsatz für Frieden und Gerechtigkeit trägt dazu bei, eine bessere und sicherere Welt für alle zu schaffen.

Intellektuelle Freiheit und kritisches Denken

Einsteins Ratschlag:

„Der wichtigste Antrieb meines Lebens war die Besessenheit mit der Freiheit."

Anwendung:

Fördern Sie die intellektuelle Freiheit und das kritische Denken. Schätzen Sie unabhängiges Denken und hinterfragen Sie bestehende Annahmen und Dogmen. Unterstützen Sie Bildungsinitiativen, die diese Werte betonen und Menschen ermutigen, eigenständig zu denken und kreativ zu sein. Eine Gesellschaft, die intellektuelle

Freiheit und kritisches Denken schätzt, ist besser gerüstet, um die Herausforderungen der Zukunft zu meistern.

Fazit

Wenn Albert Einstein heute noch leben würde, würde er uns ermutigen, neugierig und kreativ zu sein, Bescheidenheit und Einfachheit zu pflegen, Empathie und Mitgefühl zu üben, sich für Frieden und Gerechtigkeit einzusetzen und die intellektuelle Freiheit zu fördern. Diese Prinzipien sind nicht nur zeitlos, sondern auch umsetzbar in unserem täglichen Leben. Indem wir Einsteins Weisheiten folgen, können wir dazu beitragen, eine menschlichere, gerechtere und friedlichere Welt zu schaffen. Sein Vermächtnis bietet uns wertvolle Leitlinien, die unser persönliches und kollektives Wohl verbessern können.

Abschließende Worte zu Albert Einstein:

Albert Einstein war zweifellos einer der herausragendsten Gelehrten und Denker des 20. Jahrhunderts. Seine Beiträge zur Physik haben nicht nur unser Verständnis des Universums revolutioniert, sondern auch unsere Vorstellung von Raum, Zeit, Energie und Materie grundlegend verändert. Seine Theorien, insbesondere die Relativitätstheorie, haben nicht nur die Wissenschaft, sondern auch das Denken über Philosophie, Zeit und Realität beeinflusst.

Einstein war jedoch nicht nur ein Wissenschaftler, sondern auch ein engagierter Humanist und Philosoph. Seine Gedanken und Zitate über das Leben, die Natur, das Glück und das menschliche Potenzial haben bis heute eine bedeutende Wirkung auf Menschen weltweit. Sein unkonventionelles Denken, seine Neugierde und seine Bereitschaft, konventionelle Ansichten in Frage zu stellen, sind Eigenschaften, die viele als inspirierend und wegweisend betrachten.

Einstein war auch ein Befürworter des Friedens und der sozialen Gerechtigkeit. Er setzte sich für Abrüstung und internationale Zusammenarbeit ein und setzte seine Stimme ein, um gegen Ungerechtigkeiten anzukämpfen. Sein Einfluss reicht über die Grenzen der Wissenschaft hinaus und erstreckt sich auf soziale, politische und ethische Themen.

Insgesamt bleibt Albert Einstein eine faszinierende Persönlichkeit, deren Denken und Ideen Generationen von Menschen inspiriert haben und weiterhin inspirieren werden. Seine tiefsinnigen Zitate und seine bemerkenswerte intellektuelle Hinterlassenschaft sind ein wertvolles Erbe, das uns daran erinnert, das Universum, das Leben und unsere eigenen Fähigkeiten mit Offenheit, Neugierde und Wunder zu betrachten.